RECHERCHES

SUR

NICOLAS POUSSIN

et sur sa Famille.

DERNIÈRES PUBLICATIONS DE L'AUTEUR

Histoire de l'Ordre hospitalier de Saint-Antoine de Viennois. In-8 . . . . 6 fr.

Un voyage de Lorient à Surate en 1698, d'après le Journal de bord du navire « La Princesse de Savoie », de la Cie des Indes. Br. in-8 . . . . 1 fr.

Voyage en Hollande fait en 1719, par Pierre Sartre, prêtre du diocèse de Montpellier, envoyé en mission vers le père Quesnel. In-8 . . . . 2 fr.

Le Socialiste picard Norbert Truquin. Br. in-12 . . . . 1 fr.

La Bibliothèque de Napoléon à Sainte-Hélène. Gand, 1894, in-16 (Belle impression, filet bleu) 2 fr.

Les Sculpteurs Bonnet et l'École de dessin de Beaune, de 1784 à 1892. In-16 . . . 2 fr.

Notices sur Alexandre et Auguste Advielle, d'Arras, soldats de la Levée de 1812. Br. in-8. 1 fr.

Le Théâtre à Arras et à Lille en 1683. Les représentations de Dancourt. In-8 . . . . 3 fr.

Bauldrain Dacquin, premier Imprimeur de la province d'Artois. Br. in-8 . . . . 2 fr.

Biographie de Merle Beaulieu, général de brigade, né à La Rochelle. Br. in-8 . . . . 2 fr.

Bruxelles en 1583 à propos de la prétendue trahison du Capitaine Fremin. Br. in-8. . . . . . . 1 fr.

Notice sur Philippe Cayeux, sculpteur et amateur. Br. in-8 avec portrait. . . . . 2 fr.

Renseignements intimes sur les Saint-Aubin, dessinateurs et graveurs. In-8 avec 2 portraits 4 fr.

Notices sur les Calligraphes Bernard, dit de Paris et Bernard, dit de Melun, et sur le Chevalier de Berny. In-8 . . . . . 3 fr.

L'Odyssée d'un Normand à Saint-Domingue au XVIIIe siècle. In-16. . . . . . . 3 fr. 50

Le Portrait de la Duchesse de Fontange, du Musée national de Madrid et les faux portraits de la favorite. In-8, portraits . . . . 3 fr.

Histoire de la ville de Sceaux, 1883. In-8 illustré. » »

VICTOR ADVIELLE

RECHERCHES
SUR
NICOLAS POUSSIN
et sur sa Famille.

PARIS
LIBRAIRIE G. RAPILLY
QUAI MALAQUAIS, 9

1902

A LA MÉMOIRE

DE

MMrs. GAUTIER ET DEMORY,

mes vénérés Professeurs

DE L'ÉCOLE DE DESSIN DE FIGURES D'ARRAS

VICTOR ADVIELLE

Prix d'honneur de l'École.

PRÉFACE

L'ensemble de l'œuvre de Nicolas Poussin est tellement considérable que ceux qui se sont le plus occupé de cet artiste ont négligé souvent de contrôler les divers incidents de sa vie, de sorte que sans les recherches spéciales de plusieurs écrivains modernes, dont la sûreté d'information laisse aussi à désirer, on ne saurait encore à peu près de lui que ce qu'ont dit Bellori et Félibien.

Je reprends à nouveau la biographie de l'artiste dans le but de la rectifier et de la compléter.

A cet effet, j'ai lu d'abord tout ce qui a été écrit à son sujet, m'attachant de préférence aux indications purement biographiques et négligeant nécessairement tout ce qui n'est pas rigoureusement prouvé.

De même, je n'ai prêté aucune attention aux développements oratoires que certains biographes ont cru devoir donner à leur pensée, et qui ne peuvent avoir pour résultat que d'induire en erreur les historiens.

J'ai recherché les faits certains, dans les livres et dans les documents, et je les ai exposés simplement, afin de mieux faire connaître le grand peintre, sa famille et leurs relations.

Evidemment, on se dit : « A quoi bon ces nouvelles recherches ? La famille Poussin était pauvre, sans alliances notables ; elle a subi le sort commun aux maisons de cette condition : tout a été vendu et dispersé ! »

Ce n'est pas un motif suffisant pour négliger le sauvetage de ce qui a pu échapper à la destruction.

Au contraire. On remarquera même que ce travail fait avec conscience et persévérance, précise ou rectifie des points de la vie du peintre et s'appuie toujours sur des documents inédits ou de première main.

C'est ainsi qu'on y verra plusieurs fac-simile de signatures, et notamment celles du père et de la mère du Poussin.

On y trouvera aussi le très beau portrait du Poussin, *tiré sur la plaque originale, en parfait état, gravée par Clou, pour la première édition de Bellori, et qui n'a pas été reproduit depuis.*

C'est le plus intéressant portrait du Poussin et il est toujours un des joyaux du Musée du Louvre.

J'y donne en outre dans son état actuel, le Monument du Poussin, *qui orne l'église Saint-Laurent* in Lucina, *d'après un dessin fait spécialement pour ce livre par un artiste distingué de Rome.*

Enfin, la Bibliographie *qui termine l'ouvrage facilitera les recherches aux curieux en leur indiquant la cote sous laquelle la plupart des volumes cités sont catalogués à la Bibliothèque Nationale.*

Près de trois siècles se sont écoulés depuis la mort du Poussin, et, malgré les éloges prodigués à sa mémoire, on n'a pas encore tenté de réunir ses principales œuvres en une Exposition qui seule pourrait cependant permettre de les étudier et de les comparer entre elles.

L'heure ne serait-elle point venue de réaliser enfin cette glorification du chef incontesté de l'école française ?

Nous le pensons ; et convaincu du succès éclatant qu'obtiendrait une Exposition des principales toiles et des principaux dessins du Poussin, nous nous déclarons prêts à l'entreprendre, avec le concours du Gouvernement.

L'Exposition aurait lieu au Palais de l'Ecole des Beaux-Arts de Paris, à une date à déterminer.

N'y seraient admises que des œuvres importantes, reconnues authentiques, ou celles qui présenteraient un intérêt quelconque pour l'histoire de l'art et la biographie de l'artiste.

Aux toiles et aux dessins seraient ajoutés des gravures, des livres, des autographes, et tous autres objets relatifs au **Poussin.**

En raison de la grande valeur des objets, ils devraient être déposés et retirés par le possesseur lui-même, ou son représentant, dûment agréé par l'administration.

Chaque objet serait accompagné d'une feuille donnant la description du tableau, ses dimensions, son origine, s'il est possible, les galeries auxquelles il a appartenu, ses dimensions hors cadre, ses marques et signatures, sa valeur pour en fixer l'assurance; et indiquant si le possesseur en permet la reproduction photographique dans l'Album de l'Exposition Nicolas Poussin.

Un Catalogue des objets exposés paraîtra dès le premier jour d'ouverture de l'Exposition : tout exposant en recevra un exemplaire, avec sa carte d'entrée personnelle.

Les frais d'envoi et de retour des objets seront à la charge des possesseurs : c'est un principe qui s'impose, en raison même de la valeur desdits objets et des précautions dont ils devront être entourés.

Les frais de garde, de surveillance, d'assurance et tous frais matériels quelconques, seront supportés par le budget de l'Exposition, sans qu'il puisse être rien réclamé de ce chef aux exposants.

La durée de l'Exposition sera exactement d'un mois et ne pourra pas être reculée ou prolongée, sous aucun prétexte.

Le Prix d'entrée sera fixé à 2 francs, et à 20 francs exceptionnellement le jeudi. L'entrée sera gratuite le jour qui suivra la clôture.

Ce sont là les grandes lignes de la future Exposition des Œuvres de Nicolas Poussin.

Elle se fera, si Dieu le veut, comme on disait autrefois, et Dieu le voudra pour la gloire de celui qui l'a tant honoré en ses œuvres.

Je recevrai avec reconnaissance dès à présent toutes les indications que l'on voudra bien me fournir en vue de ce que je ne fais ici qu'indiquer.

L'année 1903 verra, j'en ai l'espoir, se réaliser le projet d'Exposition que je soumets à l'examen et à la bienveillance de tous ceux qui portent intérêt aux gloires françaises.

TABLE

Dédicace à MM. Gautier et Demory 5
Préface. 7
Table 9
I. — La Famille Poussin.
§ 1. — Branche du Maine 17
§ 2. — Branche du Soissonnais. . . 25
§ 3. — Branche d'Andely 33
II. — Autres Familles du nom de Poussin . . 35
III. — Familles paternelle et maternelle du Poussin 43
IV. — Naissance de Nicolas Poussin 54
V. — Jeunesse et Famille du Poussin . . . 67
VI. — Séjour à Paris, en 1612 79
VII. — Séjour en Poitou, retour à Paris . . . 87
VIII. — Voyage à Rome 105
IX. — La mort du Poussin, Ses héritiers. . . 111
X. — La Correspondance du Poussin . . . 123
XI. — Les Familles d'Andely vers 1610 . . . 133
§ 1. — Famille Delaisement 139
§ 2. — Famille Le Tellier 143
§ 3. — Famille Varin 144

XII. — L'œuvre du Poussin et la Bacchanale des Andelys 149
XIII. — Le Testament du Poussin 155
XIV. — La Maison et la Tombe du Poussin . . 165
XV. — Le Monument du Poussin 171
XVI. — Bibliographie. 179

ILLUSTRATION

Portrait du Poussin, par Clou (*Clowet*) . . . 16
Signature de Poussin, notaire à Soissons . . 30
Tête de femme, par Poussin 32
Autres signatures 36
Titre de livre, avec signature de N. Poussin . . 37
Signatures du père et de la mère de Nicolas Poussin 81
Cénotaphe du Poussin, à Rome 167

RECHERCHES

SUR

NICOLAS POUSSIN

et sur sa Famille.

I. — La Famille Poussin.

§ I. — BRANCHE DU MAINE.

Les opinions sont partagées à propos de l'origine de la famille du peintre Poussin : les uns en font un picard, d'autres un manceau, la plupart un normand.

C'est M. Borel d'Hauterive qui, le premier, en 1852, a revendiqué pour le Maine, l'honneur d'avoir été le berceau de cette famille.

Voici ce qu'il dit dans son *Annuaire de la Noblesse*, aux pages 220-222 :

« La famille noble de Poussin, dont le nom a été illustré dans les arts par le pinceau du célèbre Nicolas Poussin, est originaire du Maine, où elle était fort ancienne, et d'où deux de ses rameaux se sont transportés l'un aux Andelys, l'autre en Soissonnais.

2

Son berceau paraît avoir été la seigneurie de Juigné-sur-Sarthe, près Sablé, qui était venue en sa possession après avoir appartenu à la maison de Quatrebarbes.

« Gervais Poussin, seigneur de Juigné, vivait vers 1280. Pierre Poussin, son fils, seigneur de Juigné, épousa Jeanne de la Châtre, dame de Marçou, etc., dont il n'eut pas de postérité. (*Dict. hist. de la Sarthe*, par Pêche).

« La sœur de Pierre Poussin épousa Colas Le Clerc, tige de l'illustre famille Le Clerc de Juigné, appelée de nos jours à la pairie (*Ibid.*).

« Pierre Poussin, écuyer, servait en la compagnie du comte de Savoie en 1355, comme on le voit par une quittance qu'il donna pour le payement de ses gages. (*Original en parchemin. Bibl. nat., collection Clairembault*).

« Jérôme Poussin, contrôleur extraordinaire des guerres, figura aux monstres ou revues des fantassins de l'armée du duc de Mayenne, et donna en 1577, quittance de ses gages en cette qualité (*Ibid.*).

« Noble homme Antoine Poussin, écuyer, sieur de Boshon, donna quittances, en janvier et en mai 1607, pour deux quartiers de rentes de l'Hôtel-de-Ville de Paris, échus alors depuis quatre ans. (*Ibid.*).

« Noble homme Georges Poussin, sieur du Plessis, Conseiller du roi, donna quittance en octobre

1622, pour un quartier des mêmes rentes échu sept ans auparavant. (*Orig. en parchemin, conservé à la Bibl. nat.*) »

Plus loin, après avoir parlé des deux rameaux qu'il croit retrouver à Soissons et aux Andelys, M. Borel d'Hauterive ajoute :

« La souche restée au Mans s'y est continuée jusqu'à nos jours. Elle avait fondé pour sa sépulture une petite chapelle dans l'église de Saint-Benoit au Mans, et y avait fait placer un tableau du Poussin qu'on y voit encore aujourd'hui. Un de ses rejetons était échevin du Mans en 1660, et signa en cette qualité, le 16 janvier 1661, une lettre (1) conservée à la Bibliothèque nationale. (*Manuscrits de Colbert, collection verte, tome II*).

« La filiation de la branche du Mans établie d'une manière authentique sur actes de l'état-civil, remonte à :

I. Pierre-Jean Poussin de Juigné, né vers 1610, qui épousa à la Couture (paroisse du Mans), le 2 février 1640, demoiselle Jeanne Ouvrard, dont il eut :

II. Charles Poussin, né à la Couture, le 16 octobre 1659, sergent royal au Mans, marié à demoiselle N. Perrier. De cette union est issu :

---

(1) Voir cette lettre ci-après. V. A.

III. Pierre-Claude Poussin, notaire royal au Mans, marié le 28 septembre 1723, à demoiselle Françoise Lalogué, qui était veuve lorsqu'elle assista au mariage de son fils, qui suit :

IV. Pierre-René Poussin, né le 2 janvier 1725 à la Couture, épousa par contrat du 22 janvier 1758, Marguerite Queudot, fille mineure de Spire Queudot, huissier à cheval au Châtelet de Paris, par contrat passé devant Louis Sourdeau, notaire royal du duché-pairie de Villeroy, à Mennecy, arrondissement de Corbeil. De ce mariage il laissa :

V. Pierre-Claude Poussin, né le 8 juin 1769 à Mennecy, près Corbeil, marié, par acte passé à Bourg-la-Reine le mardi 16 octobre 1781, à Marie-Catherine Bousquet, dont il eut :

VI. Benoit-Victor Poussin, né à Bourg-la-Reine le 26 octobre 1795, marié, le 10 juin 1819, à Paris, avec demoiselle Charlotte-Adelaïde Stabellier des Rosiers, dont il a : 1° Jean-Gustave, qui suit ; 2° Charles-Albert, né le 15 avril 1839 à Belleville près Paris ; 3° Anne-Victorine, née à Paris le 4 septembre 1828.

VII. Jean-Gustave Poussin, né à Paris le 19 septembre 1820, établi aujourd'hui à Varsovie, a épousé, le 25 septembre 1851 : Lucine-Julie Lebisz, née le 17 octobre 1829, fille de Jean Lebisz, gentilhomme polonais ».

M. Borel d'Hauterive donne à cette famille les armoiries suivantes :

Armes : *d'azur, à l'aigle d'or, au vol déployé surmonté de trois étoiles du même, rangées en chef.* — Cimier : une étoile d'or, entre un vol coupé à dextre d'or et d'azur, à sénestre d'azur et d'or.— Supports : deux aigles. — Devise : *Scopum attingam.*

Nous voilà donc fixés sur la maison Poussin du Maine ; elle avait dans cette province une certaine notoriété ; mais elle ne peut produire de filiation authentique, et encore de père en fils seulement, qu'à partir de 1610. Toutefois, il semblait établi que c'est un membre de cette famille, échevin du Mans, en 1660, qui a fait placer dans l'église Saint-Benoît de cette ville, pour orner la sépulture de sa famille, un tableau de Poussin qui y serait encore conservé.

Tout est à vérifier en histoire ; j'ai donc vérifié le fait, et j'ai appris que ce tableau a longtemps passé pour être une œuvre du Poussin. Les savantes recherches de M. Chardon (1), permettent d'affirmer aujourd'hui que c'est une copie du *Dieu de Pitié*, d'Annibal Carrache, faite à Rome, pour Chantelou, en 1643-4, par Pierre Lemaire, dit *le petit Lemaire.*

Voici en outre, le texte resté inédit de la lettre dont parlait M. Borel d'Hauterive :

---

(1) *Les Frères Fréart, de Chantelou, par Henri Chardon. Le Mans*, 1867, in-8, pages 185 à 192.

« Monsieur, Nous vous sommes d'aultant plus obligez de l'honneur de vostre protection, que ne l'ayant jamais méritée, vous aves la bonté, parmy les premiers employs de l'Estat, ou le merite de la vertu vous ont appellé, de nous en faire ressentir des effects sy puissans qu'ils sont au dessus de toutte sorte de recognoissance. En effect, Monsieur, les graces que vous respandes sy abondamment sur nostre pauvre ville sont des marques indubitables de vostre generosite, et de l'affection et de la tendresse de Monsieur Berrier auquel elle en est infiniment redevable. Nous serions pourtant coupables de la dernière ingratitude sy nous ne faisions continuellement des vœux pour vostre prospérité, et sy nous ne taschions par ce moyen, qui seul est convenable à l'esclat de vostre dignité, de vous tesmoigner nostre gratitude avec laquelle nous vous supplyons tres humblement, Monsieur, d'avoir agreable des flambeaux de cire blanche que nous prenons la liberté de vous presenter, comme des fruits de nostre industrie, avec les respects et les obeissances, Monsieur, de vos tres humbles et tres obligés serviteurs, les Eschevins de la ville du Mans.

Le Chat, Poussin, Brossard, Amiot.

« Au Mans, ce 16 janor 1661 » (1). »

---

(1) Une page in-4°.

Il reste un point à examiner, à savoir si cette famille était noble. M. Borel d'Hauterive savait bien que l'enregistrement à *l'Armorial de France* d'une armoirie quelconque ne suffit pas pour constituer la noblesse. A défaut donc des actes de catholicité qu'il a eus en mains, j'ai recouru aux actes passés à Bourg-la-Reine, près Paris ; voici ce que disent ces actes :

1° que le 16 octobre 1781, Pierre-Claude Poussin, de droit de la paroisse de Mennecy-Villeroy, de fait de la paroisse de Bourg-la-Reine ; fils mineur de Pierre-René Poussin et de Marie-Marguerite Ceudron de cette paroisse, ses père et mère ; y épousa Marie-Catherine Bousquet, de droit de la paroisse de Bagneux, de fait de la paroisse de Bourg-la-Reine, fille mineure d'Eugène Barthélémy Bousquet et de Marie-Louise Hoyelle, de la paroisse de Bagneux. En présence de : Pierre-René Poussin, père ; de Charles-Symphorien-Jacques, entrepreneur de la manufacture de fayence de Bourg-la-Reine ; d'Eugène Bousquet, père, et de George de la Courtie, directeur des aides, de la paroisse dudit ;

2° que le 3 brumaire an IV (26 octobre 1795) Benoît-Victor Poussin, fils de Pierre-Claude, épicier, domicilié à Bourg-Egalité, y naquit. La déclaration fut faite par Benoît Allard, cultivateur, âgé de 45 ans, et par Geneviève-Victoire Lamy, femme Lesage.

Je n'aperçois dans le premier de ces actes aucune appellation nobiliaire, d'où je conclus que si les derniers du nom ne se disaient point nobles c'est que leurs ancêtres ne l'étaient sans doute point non plus.

La présence du directeur de la manufacture de fayence, au mariage de Pierre-Claude Poussin, éveilla toutefois mon attention ; et en consultant un notable du pays, très au fait des choses locales, j'appris que ce Poussin avait été *mouleur* à la manufacture. C'était donc un ouvrier d'art de mérite, qui avait même quelque aisance, puisqu'il possédait plusieurs maisons à Bourg-la-Reine. Par la suite il devînt graînetier et portait sa marchandise en ville dans une petite voiture traînée par un âne.

Son fils, Benoît-Victor, était un homme intelligent. Il fut aussi graînetier ; puis, ayant fait la connaissance du peintre Spindler, qui habitait Bourg-la-Reine, il prit goût à la peinture, étudia chez l'un des Deveria, et alla mourir du côté de Toulouse. Dans ses débats avec un jeune homme de Bourg-la-Reine qui suivait les classes du Conservatoire, il aimait à répéter que la peinture *au moins çà reste* !

J'ajoute que la tradition n'a pas conservé le souvenir que cette famille avait un lien de parenté quelconque avec celle de Nicolas Poussin.

D'ailleurs, presque dans le même temps, il y

avait à Bourg-la-Reine une autre famille Poussin qui n'était alliée à aucun degré non plus avec celle du mouleur de la manufacture.

On pourrait, cependant, le supposer aujourd'hui, que les uns et les autres ont disparu, puisque Eugène-Charles-Félix Poussin, fils de Jean-François et de feue Marie-Rose Girard, qui mourut à Bourg-la-Reine, le 3 mai 1864, agé de 41 ans, était grainetier comme le mouleur.

Au registre des mariages de la même année, je trouve encore, à la date du 6 janvier, que Louis Espitalier, épicier à Paris, né à Tonnerre, âgé de 25 ans, épousa Marie-Julie-Isabelle-Berthe Poussin, sans profession, demeurant à Bourg-la-Reine, âgée de 20 ans, née audit Bourg, le 15 février 1844, fille naturelle et légitime de Michel-François et de Geneviève-Dorothée Martin, décédée à Paris le 23 juillet 1842.

Ainsi, voilà trois familles différentes du nom de Poussin, qui résident dans la même localité, presque en même temps.

§ II. — BRANCHE DU SOISSONNAIS.

On a vu par ce qui précède, que M. Borel d'Hauterive déclare que deux des rameaux de la maison Poussin du Maine s'étaient *transportés l'un aux Andelys, l'autre en Soissonnais.*

De preuves, il n'en est point donné ; mais c'est toujours affirmativement que le savant généalogiste continue son argumentation.

Il nous dit à propos de l'un de ces rameaux :

« Au XVIe siècle, un rameau de la famille Poussin, avait quitté le Maine, et s'était fixé en Soissonnais, où nous retrouvons en 1697 et 1699, Artus Poussin, écuyer, Conseiller du roi, président trésorier de France en la Généralité de Soissons, et Charles Poussin, Conseiller du roi au bailliage et siège présidial de Soissons, qui firent enregistrer leurs armoiries : *d'azur, à l'aigle d'or, au vol déployé surmonté de trois étoiles du même, rangées en chef*, par d'Hozier, juge d'armes de France, en 1699 (1) ».

C'est peu pour établir solidement une aussi discutable opinion.

Je vais donc examiner comment elle a pu se former et la confiance qu'on doit avoir en elle.

Deux sources d'informations s'imposent tout d'abord aux recherches des érudits : les archives notariales qui ont été déjà largement explorées ; les actes de catholicité de la ville de Soissons qui, brûlés en 1814, n'ont pu être rétablis qu'en partie.

A la séance du 3 janvier 1852, de la *Société archéologique de Soissons* (2), M. Suin, l'un des membres,

(1) *Armorial général.* Tome XXXII, *Soissonnais* (*Bibl. Nat.*).
(2) Première série, tome VI, page 10.

annonça que dans les anciennes garde-notes ou minutes d'un de ses collègues, il avait remarqué « vers 1570 à 1580, la signature d'un nommé Nicolas Poussin, né aux Andelys, mais d'un père soissonnais. »

Cette découverte, ajoutait-il, « viendrait à l'appui de ce qui a été avancé par les biographes que la famille des Poussin était originaire du Soissonnais. ».

Le Président ne put qu'inviter M. Suin « à faire de nouvelles recherches, afin d'établir d'une manière certaine la généalogie de ce peintre célèbre. »

Ce n'est que le 4 juillet 1859, que le savant Trésorier de la Société reprit à nouveau la question, et toujours d'une façon incidente. A cette séance, il lut des notes qu'il avait tirées du *Coutumier général*, et notamment du procès-verbal de 1556 concernant la Coutume du Vermandois. Or, parmi les noms cités, se trouve « Nicolas Poussin, pour son fief de Nantheuil-la-Fosse (1). » Ici, M. Suin ajoute : « On sait que le père du célèbre peintre Nicolas Poussin était de Soissons ; peut-être descendait-il de ce Nicolas Poussin, seigneur de Nantheuil-la-Fosse. ».

Un autre travail de M. Suin, communiqué à la même séance était relatif au Soissonnais et à ses

(1) Nanteuil-la-Fosse, fief situé sur la route de Laon, à 12 kil. de Soissons, aujourd'hui commune de 312 habitants.

habitants pendant la seconde moitié du XVIe siècle. Dans ce travail l'auteur donne, d'après les actes des anciens notaires de Soissons, les noms des principaux cultivateurs de la région qui tenaient les *censes* ou fermes de 1570 à 1580 ; et y développe cette intéressante remarque : « que les noms des fermiers actuels ne sont nullement les mêmes que ceux du XVIe siècle, tandis que dans chaque village du Soissonnais les noms des vignerons et manouvriers sont exactement les mêmes aujourd'hui qu'au XVIe siècle. »

Plus tard, 12 août 1878, il fut encore question du Poussin, à la Société archéologique de Soissons ; c'est quand M. Branche de Flavigny donna lecture de l'épitaphe latine qu'il avait relevée sur le tombeau du peintre à Saint-Laurent *in Lucina* ; mais, à ce document, connu et souvent reproduit, se borna la communication de M. de Flavigny, qui n'est suivie que de ces lignes : « On croit que Nicolas Poussin était d'une famille Soissonnaise de ce nom qui figure dans beaucoup d'actes du XVIe siècle ».

Quant au document rencontré entre les années 1570 et 1580, il ne fut jamais produit, et j'en ai vainement sollicité la recherche ces temps-ci.

J'ai en outre prié M. le Président de la Société archéologique de Soissons de vouloir bien me faire connaître son opinion et celle de ses collègues sur la question d'origine soissonnaise de la famille du grand peintre Poussin ; et il n'a pu, lui-même, que me renvoyer aux communications ci-dessus, en me faisant dire toutefois par M. Michaux, secrétaire de cette Société :

« Son père a, en effet, habité Soissons, et occupait la maison même que j'habite aujourd'hui, 8, rue du Collège.

« Je possède un missel du XVII° siècle, relié, avec une garde en parchemin, sur laquelle il est question de Pierre Poussin, procureur, qui payait des arrérages pour le second quartier de l'année 1666, d'une rente de 20 livres 16 sols, faisant partie d'une plus forte constituée sur les aydes à Pierre Sutat, le 28 novembre 1751.

« Y a-t-il parénté entre Pierre Poussin et Nicolas ? Je n'en sais rien. »

M. Michaux ajoutait :

« Un Jehan Poussin était notaire et tabellion à Soissons en 1496.

« En 1678, Arthur Poussin, trésorier général des finances à Soissons, prit possession de ma maison appelée l'Hôtel du Temple.

« Après lui Adrien-François Poussin, président au Présidial de Soissons, peut être fils du précédent, la posséda. »

Cet Adrien (ou *Adrian*) François Poussin était né

le 15 juillet 1681 ; il fut reçu avocat au Parlement de Paris le 24 juillet 1704 et nommé Président au Présidial de Soissons le 30 mars 1707 (1).

Dans son *Histoire des Andelys*, M. de Ruville cite un Nicolas Poussin, qui aurait été notaire à Soissons, en 1545, par conséquent quelques années, avant les dates de 1570-1580 citées, sans preuves, par M. Suin.

D'après les recherches que M. Blamoutier, notaire à Soissons, vient d'entreprendre à ma sollicitation, ce Nicolas Poussin, fut notaire en cette ville, de 1528 à 1546, environ. Voici sa signature :

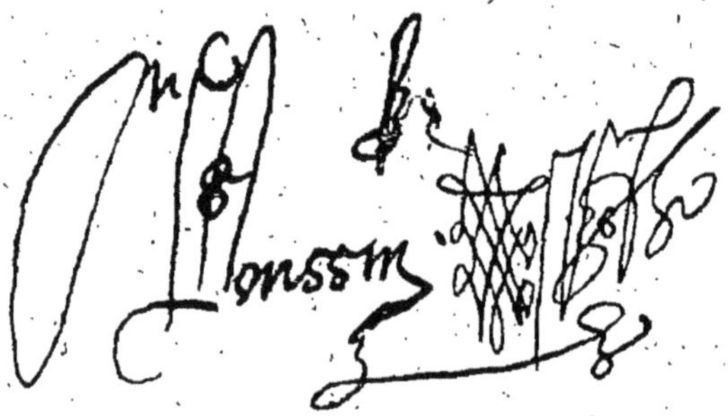

Le même auteur dit encore (II, 418) : « M. Borel d'Hauterive prétend rattacher les Poussin du Soissonnais aux Poussin du Maine, et ne fait des uns et des autres qu'une même famille ; mais cette pré-

(1) Manuscrit de Blanchard, à la Bibliothèque de l'Ordre des Avocats de Paris.

tendue similitude de noms ne paraît reposer que sur des conjectures. »

Un historien de valeur de notre région du Nord, M. Combier, Président du Tribunal civil de Laon, a publié dans le *Cabinet historique de l'Artois et de la Picardie* (1) une intéressante étude sur « Les testaments du XVIIIe siècle dans le bailliage du Vermandois. » Il y cite notamment (2), le testament, daté de 1741, de Elisabeth Poussin, veuve de Claude Bugnatre, conseillier au bailliage de Laon, et ajoute :

« Enfin, il serait bon d'examiner attentivement le testament de Marie-Marguerite Poussin, qui pourrait bien être une parente du peintre français si célèbre. Le 22 mars 1723, décédait à Laon, la demoiselle Marie-Marguerite Poussin, laissant un testament en date de 1713 et 1717, dans lequel on remarque qu'elle fait plusieurs legs à Nicolas Poussin, son neveu ; aux enfants de Nicolas Poussin et à Anne Poussin, sa nièce, femme de Fontaine Lepin.

« On sait que notre grand peintre, Nicolas Poussin, né en 1594, est mort en 1665, et que son père et son grand-père avaient été notaires à Soissons (3).

(1) Revue importante, fondée et dirigée de 1886 à 1897, par notre savant ami M. Alcius Ledieu, bibliothécaire d'Abbeville, et dont avec tous les érudits de la contrée nous regrettons vivement la disparition.

(2) Tome I, 1886-1887, pages 101 et 102.

(3) M. Combier a été ici induit en erreur. V. A.

« Y a-t-il quelque lien de parenté entre cet artiste célèbre et la vieille fille qui mourut à Laon en 1723, à l'âge de soixante-seize ans ? Ce qui porterait à le croire, c'est que le nom propre s'écrit de la même manière ; c'est que son neveu a le même prénom que le peintre, et que celui de sa nièce est le prénom de la femme de Nicolas Poussin, qui était Anne Dughet.

« La testatrice était née en 1647. Elle avait dix-huit ans en 1665, époque de la mort du peintre. Si elle ne l'a pas connu, parce qu'il avait quitté la France depuis 1643 pour retourner à Rome, elle a dû certainement entendre parler de lui. Son testament prouve qu'elle possédait une assez grande fortune, qu'elle distribue en détail. Il ne paraît pas qu'elle ait possédé des tableaux ; il eût été assez intéressant de trouver mentionné sur les registres de notre greffe, peut-être, un tableau de Poussin ! »

C'est tout ce qu'on sait sur la famille Poussin du Soissonnais.

Jusqu'ici donc il n'a été produit aucun document officiel, ou simplement d'une date un peu reculée, établissant que le père du grand peintre avait habité Soissons : la tradition, et elle peut-être fautive, en a seule conservé le souvenir.

2
par Poußin

§ III. — BRANCHE D'ANDELY.

L'autre rameau dont parle M. Borel d'Hauterive est celui des Andelys ; il en dit ceci :

« Jean Poussin, père de l'illustre peintre Nicolas Poussin, forma un autre rameau. Les biographes s'accordent à dire qu'il était d'extraction noble, et n'avait qu'un faible patrimoine, qu'il épuisa au service des rois Charles IX, Henri III et Henri IV, comme capitaine dans le régiment de Tavanes. Après la prise de Vernon, où il s'était réfugié, Jean Poussin épousa Marie de Laisement, veuve d'un procureur de la même ville nommé Lemoine. Pour réparer l'injustice de la fortune il quitta sa patrie et vint se fixer aux Andelys en Normandie, où naquit le Poussin en 1594. Ce dernier épousa la sœur de Gaspard Dughet, dit le Gaspre, peintre de paysage, dont il n'eut pas de postérité. »

C'est insuffisant aussi ; et je ne vois même pas comment M. Borel d'Hauterive pourrait prouver que Jehan Poussin *épuisa son patrimoine* au service du roi et que c'était *pour réparer l'injustice de la fortune* qu'il se fixa aux Andelys.

La vérité, sans doute, dégagée de toute amplification, c'est que le père du grand peintre n'était point riche quand il se maria, et qu'il épousa une dame veuve qui avait quelques biens sur le territoire d'Andely. Il fut donc entraîné naturellement à aller vivre sur le modeste héritage de sa femme.

Ce qui pourrait donner quelque créance à la prétendue origine mancéenne du Poussin d'Andely, c'est que les sieurs de Chantelou qui s'intéressèrent si vivement au grand peintre habitaient le Maine.

Quant à l'opinion de Félibien sur la noblesse, prétendue aussi, du père du Poussin, il faut se rappeler toujours qu'aucun acte ne la constate ; que l'artiste ne l'a jamais invoquée, ni dans ses quittances, ses lettres, son testament ; qu'il n'a jamais été qualifié tel ; et quelle est peu probable, lorsqu'on se rappelle que Poussin recommanda à son protecteur de Chantelou, les parents « pauvres et ignorants » qu'il avait encore à Andely, et son neveu « rustique personnage, ignorant et sans cervelle. »

A ce propos M. de Montaiglon dit de son côté (*Nouvelles Archives de l'Art français*, 1872, p. 134) : « Rien de plus commun que les origines nobles fabriquées après coup ; les Mignard en sont un exemple, et Poussin pourrait en être un ».

II. — Autres familles du nom de Poussin.

D'autres familles que celles du Maine, de Picardie et de Normandie portaient le nom de Poussin.

Ainsi je trouve cette mention dans le *Dictionnaire* de Jal : « Le nom de Poussin était commun en France Au XVIe siècle, vivait à Paris, sur la paroisse de St-André des Arcs, un Nicolas Poussin, barbier et chirurgien comme tous les barbiers ses contemporains. Voici les actes de baptême de deux de ses enfants : « Petrus, filius Nicolaj Poussin, barbitonsoris, fuit baptisatur die XXVI[a] decembris 1529. « Katherina (*sic*), filia Nicolaj, etc., fuit baptisata die decima quinta septembris 1530. »

A cette famille parisienne appartenait, sans doute, Pierre Poussin, sculpteur du siècle dernier et Pierre Varin, autre sculpteur parisien, dont la mère, Jeanne Poussin, se dit veuve dans un acte de 1685 (1). Il est même curieux de relever ces deux noms ainsi rapprochés dans un acte de cette époque.

---

(1) Acte notarié en ma possession, ou figure, en outre, Pierre Varin, l'aîné, sculpteur des bâtiments du roi, Antoine Varin, marbrier à Paris, ses frères.

En 1510, Jacques Poussin était imprimeur à Blois (1).

J'ai recueilli ces années-ci chez un libraire de Paris, une petite édition de Salluste, datée de 1576 (2), sur le titre de laquelle s'étale la très belle signature suivante : *N. Poussin*. Cette signature à peu près contemporaine du livre, n'est pas celle du grand peintre, né d'ailleurs dix-huit ans plus tard ; elle n'est pas celle non plus de son père, qui s'appelait Jean. Serait-ce celle de son grand oncle qui était capitaine au régiment de Tavannes ? Mais on ne sait pas le prénom de celui-ci ; toutefois, je constate qu'au dernier feuillet du livre on voit une autre signature d'un aspect qui se rapproche un peu de celle de l'artiste (3).

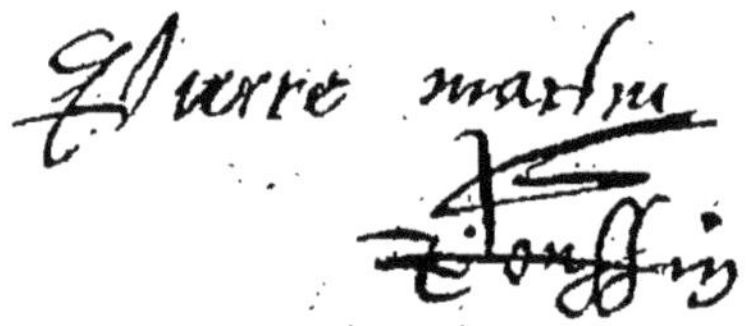

(1) *Bibliothèque de l'Ecole des Chartes*, 1896, p. 115 Plusieurs localités de France portent le nom de Poussin.

(2) C. Sallustii Crispi... Lugd., apud Ant. Gryphium, 1576, in-16.

(3) A côté de cette signature se trouve celles de *Pierre Martin* et *Poussin*.

C. SALLVSTII CRISPI,

Coniuratio Catilinæ,
Bellum Iugurthinum,
Historiarũ libri à Lud. Carrione collecti & restitut.

PORTII *Latronis declamatio in Catilinam.*

ADVERSARIAE *Sallustij & Ciceronis, incerto auctore.*

Cum scholijs & emendationibus Aldi Manutij, Cypr. à Popma, & Lud. Carrionis.

LVGDVNI,
APVD ANT. GRYPHIVM.
M. D. LXXVI.

N. Poussin

J'ajoute que celui qui a signé Nicolas Poussin, a écrit en marge de la page 81, cette sentence qui convènait singulièrement au jeune artiste : « Qui nest apprenti en sa jeunesse nest maistre en sa vieillesse. »

Si malgré cette apparence de provenance, le livre dont il s'agit, n'a point appartenu à l'un des parents de Nicolas Poussin, on peut avec quelque vraisemblance attribuer la signature du titre à Nicolas Poussin, Seigneur de Nantheuil-la-Fosse, que l'on a vu cité au *Coutumier général du Soissonnais* de 1556.

Au commencement du XIXe siècle une famille Lavallée invoqua auprès du Gouvernement sa parenté avec Le Poussin pour obtenir une faveur ; et nous voyons que par arrêté du 19 messidor (13 juillet 1803), « le jeune Guillaume-Tell Lavallée-Poussin descendant du célèbre Poussin » (1), fut nommé élève au Lycée de Rouen.

En mentionnant cette décision, Jal (2) ajoute :

« Comment Guillaume-Tel Lavallée descendait-il du peintre des Andelys ? En descendait-il ? M. Du Quesne, qui demeure aujourd'hui à Arnheim, fut, par un arrêté analogue, nommé élève de l'école militaire, sous l'Empire, comme descendant du lieutenant général des armées navales, Abraham Du

(1) Archives de l'Empire ; Papiers de la Secrétairerie d'Etat.
(2) *Dictionnaire*, 1867, p. 998.

Quesne ; il n'en descend cependant point, mais d'un Du Quesne fixé en Hollande avant la naissance du grand Abraham. »

D'après Bellier de la Chavignerie et les Catalogues des Salons, voici la liste des artistes du siècle, qui ont porté le nom de Poussin :

1° Lavallée-Poussin (Etienne de), peintre d'Histoire, né à Rouen en 1740, mort à Paris le 28 brumaire an II (18 nov. 1793), élève de Descamps et de Pierre. Prix de peinture en 1759. Reçu académicien le 28 août 1789.

2° Poussin (Michel), peintre, élève d'Achille et Eugène Deveria, né à Beaumont (Oise), rue Hautefeuille, 5, — qui exposa aux Salons de 1843, 4, 5, 6, 9, 70.

2 Poussin (Pierre-Charles), peintre, né à Paris, le 28 décembre 1819, qui exposa de 1842 à 1882.

3° Poussin (Mlle Emma), peintre à Paris (vivante).

Un prêtre nommé C. Poussin, qui fut professeur au Séminaire de Nice, est auteur de plusieurs ouvrages, dont un *Manuel d'archéologie chrétienne.*

La famille Lavallée-Poussin a encore des représentants.

En 1872, M. de Montaiglon a publié dans les *Nouvelles Archives de l'Art français*, (pp. 134-6), une quittance en date du 2 novembre 1437, par laquelle Jehan Poucin, maçon, reconnait avoir reçu de Guillaume Lalemant, vicomte de Gisors, la somme de 46 sols, 4 deniers parisis, qui lui était due pour travaux faits par lui au chastel de Vernon. L'original est aux Archives de l'Eure, B. 136.

Ici une remarque.

Il est vraiment surprenant qu'aucun de ceux qui, aux Andelys, ont porté le nom de Delaisement, n'aient pas conservé quelque dessin, quelque peinture, un objet quelconque de la jeunesse de celui qui devint le grand peintre Poussin.

Et que parvenu à la notoriété, j'allais dire à la célébrité, les familles notables du pays n'aient pas songé à recueillir tout ce qui rappelait sa personne et ses travaux.

Je sais qu'à une certaine époque, la descendante d'une famille de notaires vendit à un chiffonnier une montagne de parchemins, de vieux actes, vieux tableaux, amassés par les siens pendant de longues années.

Là, devaient se trouver des épaves des successions Poussin et Delaisement.

Mais tout est dispersé, et on chercherait aujourd'hui en vain les traces de cette collection chez les habitants du pays, comme je m'en suis assuré moi-même par une assez longue résidence aux Andelys.

De la collection Mesteil, même, que reste-t-il aujourd'hui ? Et n'est-ce pas douloureux de constater que la municipalité des Andelys n'a rien fait pour s'en réserver au moins une partie.

L'historique des familles du nom de Poussin se trouvant ainsi exposé j'aborde les questions relatives aux familles paternelle et maternelle du peintre.

III. — Familles paternelle et maternelle du Poussin.

Presque tous les biographes, depuis Félibien (1), font naître Nicolas Poussin, d'un père, homme d'armes, gentilhomme, originaire de Soissons ; mais aucun d'eux n'a fourni de justification à cet égard.

Voici d'abord ce que dit Félibien (1) : « Nicolas Poussin nasquit à Andely en Normandie l'an 1594, au mois de Juin. Son père, nommé Jean, estoit de Soissons ; et, ceux qui l'ont connu, asseûrent qu'il estoit de noble famille, mais qu'il avoit peu de bien, parce que ses parens avoient esté ruinez durant les guerres civiles sous les Rois Charles IX, Henry III et Henry IV (2) au service desquels il avoit porté les

---

(1) André Félibien, né à Chartres en 1616, fut secrétaire d'ambassade sous le Marquis de Fontenay, près d'Innocent X, à Rome, et mourut à Paris en 1695, en possession de l'Office de garde des Antiquités et Historien des Bâtiments du Roi.

Il avait pris grand soin de connaître les peintres qui étaient le plus en renom à Rome, « particulièrement M. Poussin », avec qui, dit-il, il fit « une amitié très étroite ».

(2) Durée des règnes : Charles IX, 1560 à 1574 ; Henri III, 1574 à 1589 ; Henri IV, 1589 à 1610. — Varillas dit que sous Charles IX, « presque tous les gentilshommes se piquaient d'une profonde ignorance. »

armes. Aussi, ce fut après la prise de la ville de Vernon que Jean Poussin, qui estoit à ce siège avec un de ses oncles de mesme nom, Capitaine dans le Régiment de Thavannes (1), épousa Marie de Laisément, veuve d'un Procureur de la mesme ville nommé le Moine, de laquelle il eût Nicolas Poussin. »

Bellori (1), plus sobre, dit que Nicolas Poussin, était de la noble famille des Poussin de Picardie, au comté de Soissons, et que son père avait servi comme soldat dans la milice du roi de Navarre, depuis Henri IV.

Moreri s'exprime ainsi : « Né à Andeli en 1594. Sa famille était néanmoins originaire de Soissons, où il y a eu des Officiers de son nom dans le Présidial. Son père Jean Poussin était d'extraction noble, mais né avec peu de bien. Félibien a écrit la vie de ce peintre, fort soigneusement et fort amplement. »

C'est à ces lignes qu'il faut s'arrêter, les biographes, plus modernes, n'ayant fait que répéter ces indications, en les modifiant suivant leur tempérament.

Il est donc constant que Jehan Poussin, père de

(1) Bellori (Jean-Pierre), poète, biographe et antiquaire romain, bibliothécaire de la reine Christine, 1615-1696. Ses collections furent achetées à sa mort par l'Electeur de Brandebourg.

Le texte de Bellori porte : « Nicolò dalla nobile famiglia de' Pussini in Piccardia, nel Contado di Soison, donde Giovanni suo padre uscito nelle turbulenze civili segurtava la milizia soldato del Ré di Navarra, che fù poi Henrico IV, il grande Ré di Francia. »

Nicolas, servit dans les armées royales, au temps de Henri IV, et qu'un oncle à celui-ci, dont le prénom reste ignoré, était en même temps capitaine dans le régiment de Tavannes.

J'ai cherché vainement les archives de ce régiment, et celles de la famille de Tavannes pour l'époque ci-dessus ; la date reculée des événements ne permet guère d'espérer de les retrouver encore. Mais on sait par des documents officiels, que Gaspard de Saulx (1) débuta jeune dans la carrière des armes ; qu'il se trouvait à Dijon en 1522, avec ses bandes de Lansquenets ; que son oncle le présenta à la Cour, où il fut reçu page de la grande écurie, sous le nom de Saulx-Tavannes ; qu'il suivit presque aussitôt François Ier pendant la campagne de 1523, fut pris à Pavie et rendu sans rançon ; qu'après être rentré à Dijon, il repartit en Italie à la suite du maréchal de Lautrec, comme simple archer. Plus tard, avec sa compagnie, il eut à combattre les troupes du marquis de Marignan ; puis, après trois ans de séjour en Italie, il se rendit en Provence, pour combattre à Arles les Impériaux qui ravageaient le pays.

En 1537, on le trouve à Thérouanne ; en 1541 dans le Luxembourg, à la suite du duc d'Orléans ;

---

(1) Né à Dijon au mois de mars 1509, fils de Jean, grand écuyer de Bourgogne et de Marguerite de Tavanes, mort le 19 juin 1573.

en 1542 en Roussillon ; en 1543, dans le Luxembourg; en 1544, en Piémont ; en 1545 en Artois et Picardie, où sa valeur remarquée lui valut la charge de chambellan, le don de la moitié de sa compagnie qui appartenait au roi, et l'honneur d'aller rejoindre le maréchal de Biez au siège de Boulogne.

La paix, signée en 1546, l'obligea à rentrer en Bourgogne. C'est alors qu'il épousa Mlle de la Baume-Montrevel.

En 1549, il retourne à Boulogne; en 1551, il conduisit en Piémont « sa compagnie à laquelle s'étaient joints une centaine de gentilshommes volontaires » (1) ; puis, le roi l'attacha, en qualité de maréchal de camp, à l'armée de Champagne.

L'année 1554 le rappelle dans les Pays-Bas, et là il se couvre de gloire ; en 1556 il est nommé Lieutenant général pour le Roi en Bourgogne, débarrasse la Bresse des partis ennemis, fait réparer les fortifications de Dijon, et au commencement de 1559 rejoint l'armée sous les murs de Calais, et règle la capitulation de cette place.

Le reste de sa vie se passe à combattre les huguenots en Bourgogne, en Dauphiné, dans le Lyonnais, en Poitou et autres lieux.

(1) *Le Maréchal de Saulx-Tavannes* (1509-1573), par E. de Barthélemy. Paris, 1877, br. in-8. — Etc.

Il meurt enfin au château de Sully, le 15 juin 1573.

Ce sommaire de la vie du maréchal de Saulx-Tavannes, indique les expéditions auxquelles ont pu prendre part le grand oncle et le père de Nicolas Poussin.

Aucun document, toutefois, ne permet de rien préciser à cet égard ; il est fort probable cependant que ces deux hommes d'armes guerroyaient depuis quelque temps en Normandie, quand l'un d'eux se fixa à Vernon.

D'après une version de M. Edmond Mayer, rapportée par M. Théodore Michel, (1) « après la bataille d'Ivry, Jean Poussin, homme d'armes, avait tenu garnison à Vernon. Il y fit la connaissance de Marie Delaisement, veuve de Claude Le Moine, procureur, l'épousa, puis, ayant quitté le service, se retira à Villers, près Andely. »

L'historien des Andelys, M. de Ruville, aussi insuffisamment renseigné que M. Mayer, a bâti à cet égard (II, 418) un petit roman intime, qui, s'il ne peut être prouvé est au moins vraisemblable ; voici ce qu'il confie à la postérité :

« Après la bataille d'Ivry gagnée par Henri IV sur le duc de Mayenne, le 14 mars 1590, la ville de Vernon ouvrit ses portes à l'armée royale victo-

---

(1) Vernon ancien et moderne, par Théodore Michel. Feuilleton du *Républicain* de Vernon, juillet 1893.

rieuse. Parmi les hommes d'armes que le roi laissa dans la ville pour la garder, et qui furent hébergés par les habitants se trouvait Jean Poussin. On a lieu de supposer que ce dernier reçut l'hospitalité chez Marie Delaisement, veuve Lemoine : étant devenu libre et ayant fait la conquête de son hôtesse, il l'épousa. »

Eugène Delacroix (1) a fait mieux ; s'inspirant seulement de son imagination, il a dit que « Jean Poussin, originaire de Picardie, après avoir servi avec distinction sous plusieurs rois, se retira vers l'année 1592, dans la petite ville de Vernon, moins à cause de ses infirmités ou de la lassitude de la guerre, que par suite d'une extrême pauvreté, qui ne lui permettait pas de continuer à ses dépens le métier de soldat. ».

Quant à M. de Montaiglon (2) il pense que Marie Delaisement épousa Jean Poussin, « peut-être un peu à cause de ses façons et de sa grande épée ».

Ici, encore, toutes ces affirmations, quoique probables, ne peuvent pas être prouvées.

La remise de Vernon au roi de France Henri IV eut lieu le 16 mars 1590; c'est donc vers cette époque que Jean Poussin, pour une cause quelconque, a dû se fixer dans cette ville.

---

(1) *Essai sur le Poussin.*
(2) *Nouvelles Archives de l'Art français*, 1872, p. 136.

Quelle importance attacher aux dires de certains biographes qui le représentent comme s'étant ruiné au service des rois de France?

Lorsqu'on se rappelle ce mot de Tavannes jetant, lors de la paix de Saint-Germain, à la foule de courtisans qui l'entourait, cette sorte de pronostic : « Vous dépensez vostre argent en festes, en festins, en pompes et masques, et ne payez ni gendarmes, ni soldats, » on est tenté de croire que les soldats, en ce temps là, ne touchaient point de solde, et se contentaient du produit des pillages qu'ils exerçaient, d'ordre de leurs chefs, au cours de leurs expéditions. Il ne faut cependant pas trop se laisser entraîner sur cette pente qui conduirait à ne voir dans l'armée française du temps que des mercenaires pillards ; la vérité sans doute, c'est que Jean Poussin s'enrôla, dans quelque bande, comme tant d'autres, n'ayant ni profession, ni fortune, et y resta jusqu'au jour où un heureux hasard lui fit rencontrer Marie Delaisement.

Marie *Delaisement*, et non *de Laisement*, est indiquée comme étant veuve de Claude *Le Moine* ou mieux Lemoine, qui avait été procureur à Vernon. Ce nom de Lemoine a été porté par un grand nombre de personnes de la localité ; quant au Procureur on ne sait absolument rien sur lui.

On sait seulement que Nicolas Delaisement, père

de Marie, était échevin de Vernon, vers 1592; et s'il fallait s'en rapporter à une tradition « peu répandue et remontant à peine à la moitié de notre siècle », Nicolas Poussin, serait né à Vernon, rue aux Huiliers, dans une maison portant actuellement le n° 41.

M. Théodore Michel (1), qui rapporte cette tradition, ajoute :

« Il est à craindre que le lieu de naissance du Poussin ne soit jamais connu. Son acte de baptême est introuvable.

« Cependant une statue de Poussin a été érigée aux Andelys. Cela suffit-il pour prouver qu'il soit de cette ville ?

« Lors de l'érection de la statue, deux historiens d'Evreux, MM. Bonnin et Chassant, remirent une protestation entre les mains des personnes chargées de présider à cette solennité. Ces Messieurs avaient, paraît-il, quelque raison de croire que le Poussin était originaire de Vernon. Eux aussi manquaient de preuves.

« Bien que restée sans effet, cette protestation existe ; mais il nous semble que c'était au maire de Vernon qu'incombait en cette circonstance, l'honneur et le devoir de protester. »

(1) Cet aveu a échappé à M. Théodore Michel : « Aucun Vernonnais, jusqu'ici, n'a pu laisser un souvenir durable dans la mémoire de ses compatriotes. »

Il n'y a pas à s'arrêter un instant à cette prétention (2), en présence des déclarations si nettes du Poussin, lui-même, et de celles de ses parents et contemporains.

Tout ce qu'on peut regretter c'est de ne pas même savoir ou et quand eut lieu le mariage de Jean Poussin avec Marie Delaisement.

Il dut être célébré à Vernon ou à Andely; mais, encore une fois, aucun acte ne le constate ou le mentionne. On peut seulement induire de certaines présomptions que c'est à Vernon où devait demeurer encore Marie Delaisement, puisque son père y était échevin, que le mariage eut lieu.

M. de Ruville cite les deux actes ci-après de baptême faits dans l'église Notre-Dame du Grand-Andely, où figure Marie Delaisement, avant son mariage :

« Le vendredy quatrième jour dudit moys (de janvier 1577). Barbe, fille de Henry Hazelle, Symonne sa femme. Parrain et marraine, Maître Robert Faute, prebstre, Barbe Desfresches, *Marie de Laisement*.

« Le mardy, XXXe jour dudit moys (de décembre 1578), Jacqueline, fille de Henry Sandrin, Guillemette sa femme. Parrain et marraine Sychon Sallant, Jacqueline Desfresches. *Marye de Laissement.* »

(2) M. de Ruville (II, 417) a répondu suffisamment à cette prétention.

Nous lui devons aussi la découverte dans les actes de catholicité de la paroisse Nostre-Dame de Vernon, de cet autre document :

« Le jour mesme (le XX fév. 1582), Claude le Moyne, procureur, Marion sa femme, une fille Regnée. P(arrain) Claude le Scellier, M(arraine) damoiselle Regnée, fille de noble homme Maistre de la Vaste. »

Ainsi, en 1577 et 1578, Marie Delaisement, encore célibataire, habitait Andely ; et en 1582, elle était mariée à Claude le Moyne.

De ce mariage, contracté entre ces dates, elle n'eut qu'une fille, Marie Lemoine, qui hérita de la maison de Villiers et épousa vers 1604, G. Letellier, qui lui donna quatre enfants.

Du jour où elle fut libre de sa destinée par la mort de son mari, Marie Delaisement dut aller où l'appelaient ses intérêts ; on peut dès lors, fixer à l'année 1592, — et c'est cette date qui est généralement admise, — la date probable de l'arrivée des époux (Poussin-Delaisement) au hameau de Villers.

Ce nom de Delaisement est encore très répandu dans le Vexin normand (1). Il a été porté par un

(1) *Almanach de Cabinet* du département de l'Eure. Le garde-champêtre actuel des Andelys se nomme Delaisement, et prétend appartenir à la famille maternelle du Poussin, ce qui est fort probable ; mais il ne possède aucun papier, et n'a gardé le souvenir d'aucun fait traditionnel.

chimiste distingué, Denis Baillière *Delaisement* (1), qui fut en même temps littérateur et musicien, et publia plusieurs ouvrages. Cet écrivain était le frère de Henri Delaisement, chanoine de Rouen (1723), et le neveu de Charles-Michel *De Laisement* (2), pharmacien-chimiste, de la famille maternelle du Poussin, né au hameau de Cléry-Andely, près celui de Villers, le 17 octobre 1682 ; il demeurait à Rouen, où il mourut le 13 janvier 1766, laissant à son neveu Baillière la célèbre pharmacie qu'il y avait fondée rue de la Chaîne.

Quand Jean Poussin se maria avec Marie Delaisement, il devait au moins avoir cinquante ans, en supposant qu'il se soit engagé en 1560 et qu'il ait servi pendant trente ans; et s'il s'était ruiné au service des rois, il devait vivre, comme on l'a dit « dans la plus grande médiocrité, » du produit, probablement, d'une petite pension qu'on faisait ordinairement aux officiers retraités, ou du travail de ses mains. Ce n'était pas, en tout cas, un brillant parti pour Marie Delaisement, veuve il est vrai, et

(1) Né à Paris en 1729, mort à Rouen en 1800. Voir la *Biographie normande* de Frère et Oursel Frère coupe le nom en deux à la mode normande. — C'est le cas de répéter ici, avec M. Bourdonné (*Singularités de quelques noms propres*, 1863) : « *De*, particule filiative : fils de — Notre *de* est à la fois le génitif et l'ablatif des Latins. »

Une rue de Neuilly-sur-Seine porte le nom de *Delaizement*.

(2) Voir la *Biographie normande* de Mme Oursel. Ce nom est écrit de deux manières dans les ouvrages locaux.

avec enfant et peu fortunée elle-même. L'amour fit le reste ; et tout indique que c'est afin de pouvoir vivre à moins de frais que les époux se retirèrent dans un petit domaine que Marie Delaisement possédait à Villers.

Les demandes de renseignements que j'ai adressées à la presse, notamment à la *Curiosité militaire* de novembre 1893, sur Jean Poussin et son oncle, n'ont produit aucun résultat ; et quelque recherche que j'aie faite, même au Ministère de la Guerre, on ignore absolument aujourd'hui où et quand il est né, où et quand il est mort.

De même pour Marie Delaisement : les dates et lieux de sa naissance et de son décès sont restés ignorés.

Tout ce qu'on peut conjecturer avec vraisemblance, c'est que Marie Delaisement était née à Villers, ou du moins que sa famille était originaire de ce hameau, comme semblent l'établir les ventes qu'elle fit plus tard de terrains qui constituaient, sans doute, à peu près l'unique ressource du ménage.

IV. — Naissance de Nicolas Poussin.

On a vu que vers 1592 Jehan Poussin (1) était devenu soldat-laboureur au hameau de Villers, dépendant d'Andely (2), en un lieu appelé aujourd'hui le *Clos Poussin* (3).

Un fils naquit de son union avec Marie Delaisement et on lui donna au baptême le prénom de *Nicolas*.

Mais à quelle date ? Question fort controversée, et difficile à résoudre avec succès.

Félibien, qui, de tous les biographes, doit avoir la préférence, parce qu'il a fréquenté Le Poussin à Rome, fait naître cet artiste au mois de *Juin 1594*.

C'est aussi ce que disait Jean Dughet, (4) en en-

(1 Poussin ; en patois *Pouchin*, petit poulet. Dans l'*Odryana, ou la boîte au gros sel* (*Paris*, 1815, in-18), on trouve ce calembourg, que *le pouls sain n'est jamais malade.*

(2) Aujourd'hui le grand Andely. La réunion qui fut faite en 1790, du *grand* et du *petit* Andely, a formé depuis la ville des Andelys.

(3) N° 215, SL, du plan cadastral de 1829. Contenance, 26 ares, 50 centiares. Valeur estimative, 2000 francs. — C'est à tort qu'une gravure fait naître Nicolas Poussin au Château-Gaillard.

(4) Voici un extrait de la pièce : « Nicolas Poussin, peintre des plus illustres après l'antiquité, naquit au bourg d'Andely, province de Normandie, le   de juin 1594, d'une famille noble et peu accom-

voyant de Rome, le 9 février 1665, à de Chantelou, le testament du Poussin.

On se serait donc arrêté à la date de Juin 1594, et elle fût devenue en quelque sorte officielle, si M. de la Rochefoucault-Liancourt, dans la première et la seconde éditions de son *Histoire de l'arrondissement des Andelys*, parues en 1813 et en 1833, n'avait tout à coup, sans fournir de preuve cependant, fixé cette date au 15 juin 1593.

Je dis *sans preuve* parce que personne n'a jamais eu en mains l'acte de baptême de Nicolas Poussin, le cahier qui le contenait ayant disparu avec d'autres cahiers des registres de catholicité du grand Andely, qui remontent à 1573, pour la paroisse Notre-Dame, et à 1604, pour la paroisse de la Madeleine (1).

---

modée, est mort à Rome, le 19 novembre 1665. » — Cette pièce accompagne le testament et deux traductions du testament du Poussin. »

(1) La paroisse Saint-Sauveur du petit Andely n'a de registres que depuis 1604. J'ai rencontré en ces registres, un manuscrit de 29 feuillets, in-4 oblong, qui a pour titre : *Breve compendium tractatum de sacramento ordinis et eucharistis et aliis sacramentis*, dont l'auteur me semble être l'abbé Mercier, qui fut Curé de la paroisse en 1658-1659.

Tandis que les registres du Grand-Andely, duquel dépend le hameau de Villers sont pourris et peu lisibles, ceux du Petit-Andely, très bien conservés, sont écrits avec de la bonne encre qui a résisté au temps.

Quelques communes du département de l'Eure possèdent des registres de catholicité de la fin du seizième siècle ; ce ne sont en général que des fragments très incomplets.

Lors qu'il publia, en 1813, l'*Histoire de l'arrondissement des Andelys*, M. de la Rochefoucauld y remplissait les fonctions de Sous-Préfet, et à défaut d'hôtel de Sous-Préfecture, habitait l'hôtel de la Mairie.

Fit-il monter dans ses appartements les registres de catholicité, et en détacha-t-il ceux des cahiers qui l'intéressaient particulièrement ? Puis, oublia-t-il de les rendre, quand, plus tard, il quitta le pays ?

On conviendra qu'il est bien permis de le rendre responsable de la perte de ces cahiers.

Voici, d'ailleurs, en son entier, le passage tant discuté :

« Dans ce temps si fécond en troubles, en discordes et en faux-calculs de tous genres, Andely recueillit la gloire la plus douce et la plus éclatante qui l'ait illustré. Poussin y naquit dans une chaumière, le 15 juin 1593, à Villers, hameau dépendant d'Andely. Son père, fidèle à Henri IV, avait été ruiné dans les guerres civiles, et peu après la prise de Vernon il avait épousé Marie Delaisement, dont la famille est encore très nombreuse dans le Vexin. »

Il n'y eut donc pas de réclamations lors de l'apparition de la première édition de cet ouvrage en 1813 ? C'est à croire puisque la seconde édition parue vingt ans après renferme encore le passage ci-dessus.

Car, comment, sans document authentique, aurait-il daté la naissance du grand peintre, du 15 juin 1593, alors qu'on était convenu de la fixer au mois de juin 1594 ?

M. de Ruville, dont j'ai cité déjà l'important ouvrage, a réclamé autant qu'il lui était possible, contre l'opinion émise par M. de La Rochefoucauld ; et il a dit, avec une sorte de solennité, que cette opinion n'avait « pour soutien aucune preuve » ; qu'elle avait été « avancée par l'auteur avec une grande légèreté »; que l'*Histoire de l'arrondissement des Andelys* « fourmille d'erreurs. »

Et à ce propos, il relève une erreur d'état-civil, notable à la vérité, commise par M. de La Rochefoucauld, afin de mettre en garde les écrivains futurs « contre les assertions de l'historien grand seigneur. »

Mais ne pourrait-on pas relever aussi quelques erreurs dans l'ouvrage, considérable d'ailleurs, de M. de Ruville ? Et celle si grave aussi qu'il a commise en donnant un frère et une sœur à Nicolas Poussin, n'est-elle point de nature à atténuer un peu les vifs reproches qu'il adresse à l'historien de l'arrondissement des Andelys ?

Malgré tout, M. de Ruville semble avoir fait contre mauvaise fortune bon cœur, car il termine ainsi son réquisitoire :

« Lorsque de notre temps, il a été question de

célébrer l'anniversaire du jour de la naissance de Nicolas Poussin, on a fait choix du 15 juin : autant ce quantième qu'un autre, le véritable étant resté inconnu. »

M. Letailleur, ancien secrétaire en chef de la Mairie des Andelys, et qui s'est fort intéressé à l'histoire locale, m'écrivait en 1888 :

« Personne ici ne pourrait vous fournir une copie de l'acte de naissance du Poussin. Le petit registre, en assez mauvais état, où cet acte devait être transcrit, est incomplet, et on ne l'y trouve pas. Resté pendant 43 ans dans les bureaux de la Mairie, les recherches que j'ai faites moi-même à cet égard sont demeurées infructueuses. Le cahier dans lequel il devait être et qui forme une lacune pour ce registre, aura vraisemblablement été perdu, car quel intérêt aurait-on pu avoir à enlever, pour le posséder, un document de cette nature ? Les registres paroissiaux que nous avons, et qui sont antérieurs à 1668, sont d'ailleurs tous incomplets, et comportent de notables lacunes d'années, de mois, etc. »

C'est là, certainement, le langage d'un honnête homme ; tel il fut, pendant sa longue carrière, tel M. Letailleur juge les autres, sans suspicion d'aucune sorte, avec une bienveillance peut-être excessive ; car les faits de détournement d'archives sont malheureusement fréquents.

Au Congrès archéologique d'Anvers de 1892, à propos d'une question presque identique, concernant la Hollande, un Membre déclara que « souvent, dans les petits villages, on laissait emporter des registres par la première personne venue qui s'occupait d'histoire », et que c'est ainsi que « beaucoup de registres ont disparu. »

Au surplus qu'on veuille bien le remarquer, je n'accuse pas M. de La Rochefoucauld d'avoir soustrait le cahier des actes de catholicité qui contenait le baptistère de Nicolas Poussin ; je dis seulement qu'il a dû l'emprunter, et qu'il l'a, hélas ! oublié dans ses papiers.

C'est avec cette conviction très profonde que j'ai pris la liberté de rechercher ce que pouvait être devenue la bibliothèque de l'ancien sous-préfet des Andelys ; car le cahier en question pourrait s'y trouver encore.

Peut-être pourrait-on aussi relever sur l'exemplaire d'auteur de son *Histoire* des corrections ou des annotations, qui confirmeraient ou rectifieraient ses dires, si en désaccord avec ce qu'on savait, sur la naissance du peintre.

J'ai, d'abord, questionné un peu au hasard ; puis j'ai su, d'une façon sémi-officielle, que M. le Marquis Frédéric-Gaëtan de La Rochefoucauld-Liancourt, né à Liancourt, le 15 février 1779, troisième fils de

François-Frédéric-Alexandre, dont la statue orne la place de Liancourt, fut d'abord Sous-Préfet de Clermont (Oise), puis Député du Cher, Maire de Liancourt jusqu'en 1854, et qu'il mourut à Paris, rue Thérèse, n° 10, le 15 avril 1863.

Sa veuve la marquise de La Rochefoucauld-Liancourt, demeurant aussi rue Thérèse, n° 10, décéda au château de Liancourt le 3 juin 1870. Par testament déposé en l'étude de Mᵉ Lefebvre, notaire rue Tronchet, 34, à Paris, qui fut son exécuteur testamentaire, elle fit à divers des legs qui se montaient à 176,000 francs.

Sa succession se composait : d'un titre de rente de 13,913 francs ; d'un mobilier ; de 95 hectares de bois situés dans l'Oise ; de 136 hectares situés dans l'Aube.

Elle ne laissa qu'une héritière, sa fille Caroline-Frédéricque de La Rochefoucauld-Liancourt, laquelle demeurait boulevard Malhesherbes, n° 152, et mourut le 11 juillet 1873, n'ayant eu de son mariage avec M. de Férol, qu'une fille, morte en bas âge. Par testament du 17 juillet 1871, déposé aux minutes de Mᵉ de la Palme, notaire à Paris, le 12 juillet 1873, Mᵐᵉ veuve de Férol, légua son bois d'Estissac (Aube), à un jeune attaché du cabinet d'avocat d'Ernest Picard, qui à la chute de l'Empire devînt Sous-Préfet, puis de station en station, Directeur de la Banque de France.

Quant au château et à la terre de Liancourt, ils furent vendus quelques années avant la mort du Marquis à son neveu le duc de La Rochefoucauld, dont le représentant direct est aujourd'hui le duc François-Alfred de La Rochefoucauld, officier supérieur d'un régiment de chasseurs à cheval.

On aura remarqué que le Marquis Gaëtan de La Rochefoucauld-Liancourt est né un 15, et qu'il est mort un 15. C'est un 15 aussi, d'après lui, que serait né Nicolas Poussin.

Comme Député du Cher, il fut ainsi portraicturé (1) :

« M. Gaëtan est Député depuis 1827, et depuis lors il vote pour les Ministres. M. de Liancourt serait moins complaisant pour les Anglais, les Juifs et Guizot, s'il songeait quelquefois au nom qu'il porte. Il est honteux de voir un La Rochefoucauld voter pour Pritchard. Cela a l'air d'une désertion à l'ennemi. »

Des renseignements particuliers me permettent d'indiquer que ce marquis Gaëtan ne reparut jamais au château de Liancourt après 1852, et que ses papiers personnels n'y sont certainement pas. La bi-

(1) *Biographie satirique de la nouvelle Chambre des Députés* (1846-51), *par Satan* (Dairnvaell).

On trouve au *Charivari* du 13 novembre 1837, une critique de Jules de Larochefoucauld qui lors des élections de Pithiviers, où il fut battu, aurait écrit : « Je vous salut. »

bliothèque du château est importante, mais il n'en a point été dressé de catalogue. On en a d'ailleurs ramené des parties à Paris.

Ils n'ont jamais dû être, non plus, aux mains de Mme de Férol, qui, dans son hôtel, n'avait pas de bibliothèque.

Guigard, en son *Armorial du Bibliophile* (1) dit ceci :

« Le marquis Gaëtan de La Rochefoucauld possédait une bibliothèque composée d'environ 30,000 volumes. A sa mort elle passa entre les mains de François-Marie-Auguste-Emilien, son cousin, mort en 1874. »

J'ai lu plusieurs catalogues de vente de bibliothèques ayant appartenu à des membres de cette nombreuse famille ; je n'y ai rien trouvé qui rappelât celle du marquis Gaëtan.

On voit que les chances de découvrir l'acte de baptême de Nicolas Poussin deviennent de moins en moins probables.

Consulté par moi à cet égard, M. Léopold Delisle, Administrateur de la Bibliothèque Nationale, me fit l'honneur de m'écrire le 14 septembre 1899 :

« Voilà longtemps qu'à diverses reprises on nous

---

(1) *Paris Rondeau*, 1890, 2 vol. in-8. — Guigard le fait mourir, à tort, le 5 février 1863.

a demandé l'acte de baptême de Poussin. Les recherches qui en ont été faites sont restées infructueuses. Un de mes collègues qui ne s'en était pas encore occupé jusqu'ici, n'a pas été plus heureux que ses devanciers.

« Je me rappelle qu'au moment de l'érection de la statue, on se préoccupa beaucoup de la question de la date et du lieu de naissance du Poussin, et qu'on ne trouva à ce sujet aucun document authentique. »

On m'avait fait espérer que M. Louis Passy, député de l'Eure, et M. Frédéric Passy, Membre de l'Institut, propriétaire du *Clos-Poussin*, pourraient me fournir des indications : ils avaient lu l'appel que j'avais fait dans divers journaux, notamment dans ceux de l'Eure, mais ils ne purent que m'exprimer le regret de n'avoir rien à me communiquer. M. Louis Passy ajouta même : Si le cahier a été volé, il est perdu... » M. de Chennevières qui s'était intéressé à la question, il y a nombre d'années, n'a pas été plus heureux que moi.

On sait que dans son premier portrait Nicolas Poussin se dit âgé de 55 ans, et que ce portrait fut terminé dans les premiers mois de 1649.

Le second, où il accuse 56 ans, fut commencé dans les premiers mois de 1650.

Ce qui reporte sa naissance à l'année 1594.

Bellori, qui devait être bien informé, le fait naître en 1594 (*e l'anno* 1594) et mourir à 71 ans et 5 mois, ce qui fixe encore la date de la naissance du Poussin vers le mois de juin 1594.

J'ajoute que des recherches faites à Rome, à ma sollicitation, n'ont pu aboutir à faire retrouver dans les archives, une expédition ou une simple copie de l'acte de baptême du Poussin.

Notre Ambassadeur a bien voulu me prêter l'appui de son influence, et de Saint-Louis des Français, même, on lui a répondu n'avoir aucun document qui put fixer la date de naissance du peintre.

Que conclure ?

Car une conclusion s'impose.

Dès 1844, et bien avant, il manquait un vieil état-civil d'Andely le cahier de 1593 et 1594, où devait se trouver l'acte de baptême de Nicolas Poussin.

Il faut donc remonter plus haut pour fixer une date au détournement, à l'emprunt, dont il semble que le marquis Gaëtan de Larochefoucauld-Liancourt, seul, a pu se rendre coupable.

Mais, enfin, a-t-il eu l'acte sous les yeux ?

Et s'il l'a eu, pourquoi ne l'a-t-il point reproduit en entier, dans son intérêt d'annaliste et dans l'intérêt supérieur de l'histoire ?

Autant de questions qui resteront insolubles.

A défaut du document officiel, je conclus, avec Poussin, Dughet et les principaux biographes, qu'il faut maintenir à juin 1594, la date de naissance du grand peintre.

V. — Jeunesse et Famille du Poussin.

M. Clément, l'un des biographes de notre grand peintre a écrit ceci : « Il ne nous reste que des documents incertains et peu nombreux sur la jeunesse de Poussin. »

En effet, aujourd'hui encore, on en est à peu près réduit à ce que nous apprend, en ces termes, Félibien :

« Si-tost qu'il fut en âge d'aller aux écoles, ses parens eûrent soin de le faire instruire. Il donna de bonne heure des marques de la bonté de son esprit, mais particulièrement de l'inclination qu'il avoit pour le dessin ; car il s'occupoit sans cesse à remplir ses livres d'une infinité de différentes figures que son imagination seule luy faisoit produire, sans que son père ni ses maistres pussent l'empescher, quoy qu'ils fissent toutes choses pour cela, croyant qu'il pouvoit employer son temps plus utilement à l'étude Cependant Quintin Varin, Peintre assez habile, ayant connu le génie de ce jeune homme, et les belles dispositions qui paraissoient déjà en luy, conseilla à ses parens de le laisser aller du costé où la Nature le portoit ; et l'ayant luy-mesme encouragé à dessiner, et à s'avancer dans la pratique d'un art qui sembloit lui tendre les bras, il luy fit espérer qu'il y feroit un progrès considérable. Les conseils de Varin augmentèrent de telle sorte le désir que le Poussin avoit de s'attacher à la peinture, qu'il s'y donna tout entier ; et lorsqu'âgé de dix-huit ans il crut estre en estat de quitter son païs, il sortit de la maison de son père sans qu'on s'en apperceust, et vint à Paris pour mieux apprendre un Art dont il reconnaissoit déjà les difficultez, mais qu'il aimoit avec beaucoup de passion. »

Tout ceci semble avoir été écrit presque sous la dictée du Poussin. Bellori, beaucoup plus sobre de détails, nous renseigne moins encore sur la toute jeunesse du Poussin.

Suivant un biographe moderne, ce serait à Vernon, où Quentin Varin restaurait le château, que Jehan Poussin, père, fit la connaissance de celui qui devait être le premier maître de Nicolas.

Suivant un autre, Varin, voisin de Jehan Poussin, aux Andelys, « favorisa en secret les dispositions du jeune Nicolas. »

Tout cela n'est point prouvé.

Mais on est unanime à reconnaître que Quentin Varin fut le premier maître du Poussin.

Quelle que soit la date de son arrivée à Andely ; quelles que soient les conditions du contrat d'apprentissage qui fut peut être passé entre Poussin et Varin, il est certain que ce dernier, quoique peintre à la détrempe, enseigna son art au pauvre petit jeune homme qui devait remplir la France et Rome de sa renommée.

Depuis la découverte faite à Avignon, dans les archives des notaires, par M. l'abbé Réquin, du contrat d'apprentissage de Quentin Warin (1), avec un peintre de cette ville, nommé Pierre Duplan, on en est à se demander quel âge pouvait avoir alors celui que l'on retrouve quelques années plus tard à Andely. L'acte est du 19 avril 1597 ; et désigne *Quentin Warin* comme étant *du lieu de Beauvais en Picardie.* Mais est-ce un contrat d'apprentissage ? Voici, en tout cas l'acte lui-même, sans titre, que j'emprunte à notre cher confrère : (2)

« Saichent tous que l'an mil cinq cent nonante sept et le dix-neuvième jour du mois d'apvril après-

(1) L'acte est signé *Quentin Warin* ; il semble que l'artiste se soit trompé en signant et ait écrit deux fois la première lettre de son nom, car un petit tableau de lui, aussi découvert par notre savant confrère, porte cette signature : *Q Varin, 1600.* C'est, d'ailleurs, ainsi que son nom est orthographié à Andely sur les registres de catholicité.

(2) *Notes biographiques sur Quentin Warin (Réunion des Sociétés des Beaux-Arts des départements)*, 1888, pages 340 à 343, avec fac-simile.

midi, par devant moi notaire et les tesmoins soubsnommés, personnellement estably honneste fils Quentin Varin, du lieu de Beauvais en Picardie, lequel de son bon gré, pour lui et les siens (1) à l'advenir, a loué luy et ses œuvres à maistre Pierre Duplan, peinctre de la ville d'Avignon présent et stipulant, à servir bien et fidèlement ledit Duplan, audit art de peinctre et toutes autres choses licites et honnestes, pour et durant le temps et service de troys années, ja commencées dès du quatorzième du présent moys et semblable jour finissant estre au préalable révolues et complètes.

« Et ce, dans la maison et boutique d'habitation dudit du plan, sans s'en aller illicontre durant ledit temps ; aura reffere le temps perdu, ni aulcung y en aura. En qualité que ledit maistre du plan sera tenu prester et fornir audit Varin d'aliments de bouche et habits nécessaires durant ledit art de peinctre, le tout a ses propres costs et despens, sans préthendre lesdits contrahants respectivement aulcung sa lere l'un de l'autre et au contrere.

« Promettant iceulx contrahants ces présentes et leur contenu en ce qu'a chacung touche mutuelle et réciproque stipulation intervenue avoir agréable et ny contrevenir soubs la refection de tous dommaiges, intérest et despens, etc.

---

(1) Il était donc marié en 1597 ?

« Fait en Avignon, dans ma boutique, present a ce maistre Louis Vernet, de Boleyne, et Christophle Cressy, de Sablet, témoins a ce réquis, les dits contrahants soubsignés et moi Marc Gourmet, notaire.

« Duplan, L. Vernet, Quentin Warin. »

Ce n'est pas là certainement un contrat d'apprentissage, qui ferait supposer que Quentin Warin n'avait en 1597, que quinze à seize ans, mais un véritable contrat de louage.

En retour des services qu'il rendra, comme broyeur de couleurs, préparateur des tableaux du peintre, Varin recevra de celui-ci des conseils et de plus le gîte, la nourriture et le vestiaire.

On ne doit pas chercher autre chose dans ce contrat, qui supposé que Varin demeurait à Avignon depuis quelque temps ; qu'il produisit son acte de baptême au notaire ; et qu'il s'acheminait vers la Ville-Eternelle.

En 1600, Quentin Varin fit, signa et data un tableau retrouvé à Avignon même par M. l'abbé Requin, qui n'est pas l'œuvre d'un élève, mais d'un maître. J'en ai la photographie sous les yeux, et à l'habileté du faire je suis tenté de donner trente ans à l'artiste qui l'exécuta.

Quentin Varin (car c'est ainsi qu'est l'orthographe de son nom), serait donc né à Beauvais en Picardie, vers 1567.

On croyait Quentin Varin originaire d'Amiens ; l'acte récemment découvert semble le faire naître à Beauvais ; mais ne serait-il point lui même né à Andely ? En tout cas il y avait de la famille, et était même parent du jeune Poussin, comme je vais le démontrer par des actes authentiques restés inédits. Je ne sais même pas s'il ne faudrait point revendiquer, pour notre région du nord, le peintre Pierre Duplan, d'Avignon, artiste sur lequel d'ailleurs on a peu de renseignements. Quoiqu'il en soit, comme l'a si bien dit Gault de Saint-Germain, « l'intérêt que Quentin Varin a pris pour l'éducation du Poussin le rend recommandable aux yeux de la postérité. »

Quand on examine le portrait de Nicolas Poussin fait, il est vrai, à l'âge de cinquante-cinq ans, on cherche en vain dans sa physionomie froide, presque dure, quelque trait qui révèle l'état de l'âme du peintre : on est en présence d'un sphinx et involontairement on dit avec M. Emile Berre, interwievant le professeur Brunetière : « De grâce, souriez un peu ». (1). On est entraîné à se demander aussi par suite de quelles circonstances un pauvre petit campagnard, tel qu'était Nicolas Poussin, s'adonna

---

(1) *Figaro* du 6 décembre 1893.

à la peinture, qui ne devait guère offrir de ressources autour de lui, au lieu de continuer, comme ses camarades, ses égaux, à cultiver la terre ou à devenir ouvrier.

Le champ paternel, ou plutôt maternel, n'étant pas assez grand pour nourrir trois personnes, ne fut-il point envoyé à la ville comme petit domestique, dans une auberge ou une maison bourgeoise, et n'est-ce point ainsi qu'il fit la connaissance d'un apprenti de Quentin Varin et plus tard de l'artiste lui-même ?

En tout cas, l'instruction qu'il reçut dût être des plus élémentaire ; et l'indication qu'il apprit un peu de latin, ne prouve pas l'étendue de son savoir.

Mais si pauvre qu'ait été la famille Poussin, il est peu probable qu'elle ait mis le jeune Nicolas en apprentissage avant l'âge de douze ans. Il aurait donc fréquenté l'école, et quelle école, pendant trois ans environ ; et à quinze ans il serait entré comme apprenti, chez Quentin Varin, où là il aurait pris goût à la peinture, ce qui nous reporte vers l'année 1609 ou 1610.

On est suffisamment fixé à cet égard ; on sait, en effet, que Quentin Varin travaillait à Andely, et y fit deux tableaux datés de 1612, qui y sont toujours conservés.

A moins de sérieuses dispositions, on n'est guère

encore qu'un élève après trois ans d'études. De quinze à dix-huit ans, Nicolas Poussin se borna donc fort probablement à *brosser* quelques ciels des tableaux de son patron, à broyer les couleurs, à faire les courses de l'atelier, à le balayer même, car il fallait vivre en attendant les commandes ; et s'il fit dans cette période de sa jeunesse quelques travaux personnels, ce furent, sans doute, quelques enseignes, quelques bannières, quelques portraits, tels que ceux de ses père et mère, de sa sœur utérine, de son patron, peut-être.

En tout état de choses, rien n'est resté de lui de cette période de début, pas plus, et j'exagère à dessein la comparaison, qu'il n'est resté une seule toile de la jeunesse de Rubens.

Tout parait avoir été détruit ou dispersé ; et il ne faut point, probablement, trouver trace du pinceau du Poussin dans les toiles de Varin qui sont restées aux Andelys. Toutefois il serait intéressant de rechercher sur ces toiles si le jeune Nicolas n'a point été représenté : sa figure était assez caractéristique pour être reproduite, par fantaisie d'artiste ou à défaut d'autre modèle.

Malgré l'insuffisance du début, pressé de sortir de la misère, Nicolas Poussin s'achemina vers Paris, « à l'âge de dix-huit ans », c'est-à-dire peu après le mois de juin 1612.

De quelle façon quitta-t-il les Andelys ? Félibien, qui avait reçu ses confidences, dit qu'il « sortit de la maison de son père sans qu'on s'en apperceust ». La Martinière, (1) qui avait sans doute recueilli une tradition locale ayant encore cours de son temps, assure que Nicolas Poussin ayant eu « une affaire » qui lui fit « craindre quelques poursuites » qui l'eussent « embarrassé, » abandonna « son pays. » Ce serait le cas aussi de Quentin Varin qui aurait quitté Beauvais en 1610, pour se réfugier, sans doute, cette année là, au lieu d'Andely. La vérité, probablement, est entre ces deux versions.

Du reste ses attaches avec son pays natal, devaient être peu nombreuses ; et il dut les abandonner avec d'autant moins de regret qu'il entrevoyait Paris au travers d'un prisme, comme tous les déshérités : c'était déjà la *grand'ville* !

Il faut répéter ici, pour fixer une dernière fois l'état-civil de Poussin, que le grand peintre n'avait *ni frère, ni sœur*.

On l'a cru cependant ; et cette croyance fut affirmée par un érudit normand, M. Alphonse Chassant,

---

(1) La Martinière : Dictionnaire historique et géographique. Edition de 1739 Article *Andely*. En voici le texte : « Il naquit de parents d'une condition fort médiocre ; et une affaire qui lui survint lui ayant fait craindre quelques poursuites qui l'auraient embarrassé, il abandonna son pays et vint à Paris, où après avoir étudié sous différents maîtres, il fit quelques voyages en province, et surtout Blois. »

conservateur du Musée d'Evreux, qui, à l'époque où il travaillait à l'inventaire des archives de l'hospice des Andelys, publia un document inédit relatif à la profession des vœux de Antoinette Poussin, comme sœur hospitalière à l'hospice en 1659.

On la supposait née en 1610 et sœur cadette du peintre.

Mais plus tard M. Chassant reconnut son erreur ; et par lettre du 6 juin 1888, il n'hésita pas à me dire :

« Par des recherches plus étendues j'ai acquis la certitude que le Poussin n'a jamais eu de sœur de son nom.

« Il était le seul enfant, né de l'union de Jean Poussin avec Marie Delaisement, veuve Lemoine.

« Celle-ci, avait une fille de son premier mariage, laquelle n'était sœur du Poussin que de ce seul côté.

« Et c'est du mariage de cette sœur, *Marie Lemoine*, avec un sieur *Letellier*, que sont issus *Françoise* et *Jean Letellier*, neveu et nièce, qu'il fit ses héritiers.

« Ainsi, le document que j'avais publié est donc aujourd'hui sans valeur.

« Cette Antoinette Poussin que j'avais rencontrée ne pouvait appartenir qu'à l'une des nombreuses familles du nom de Poussin, répandues dans les contrées d'Andely, de Rouen, de Louviers et d'Evreux.

« M. Gandar, dans son livre *Les Andelys et Nicolas Poussin*, pages 176-177, a aussi parlé des prétendues sœurs du célèbre peintre, sur lesquelles il hésite à se prononcer. Les trois sœurs présentées par M. Letailleur, secrétaire alors de la Mairie d'Andely, d'après un document en sa possession, mais mal lu, étaient comme mon Antoinette, à rejeter loin du Poussin ; car ces trois sœurs, religieuses professes de Saint-Jean d'Andely ne s'appelaient pas *Poussin* ou *Pouchin*, mais bien *Pouchet*, comme je l'ai démontré à M. Letailleur, et que M. l'abbé Lebeurier, archiviste de l'Eure, à qui j'avais communiqué le calque de ce nom, lisait bien comme moi *Pouchet* et non *Pouchin*. »

Nous voilà donc fixés sur la famille du peintre Nicolas Poussin.

C'est ici le cas de répéter qu'il faut soumettre à une rigoureuse critique chacun des actes quelconques où se rencontrent les noms de Poussin (sous diverses formes) et de Varin (sous diverses formes aussi) ; sinon, on s'exposera à des erreurs regrettables qui, répétées sans contrôle par des écrivains superficiels, constitueront à la fin des légendes qui sont, on le sait, la plaie de l'histoire.

Après les nombreuses recherches qui, de toutes parts ont été faites à propos de ces deux artistes, il y a peu d'espoir de découvrir de l'inédit à leur sujet, à moins de ces hasards providentiels dont on connaît des exemples ; il n'en faut pas moins chercher, chercher toujours.

VI. — Séjour à Paris, en 1612.

On a dit aussi que « les indications chronologiques manquent de 1612 à 1623. » Ce n'est qu'avec hésitation, évidemment, qu'on peut aborder la vie du peintre pendant cette période si décisive pour son avenir. Il quitta Andely dans le courant de l'année 1612, après Juillet, sans doute, date d'achèvement des tableaux de Varin, un bâton à la main, sa boîte de peinture dans une besace, allant peut être de ferme en ferme, d'église en église, faire quelques petits travaux qu'on pourrait retrouver en partie, si on prenait la peine d'explorer la route qu'il dut suivre pour arriver à Paris.

Eut-il raison d'abandonner la maison paternelle ? Certainement, puisque ses espérances se sont réalisées.

Le voilà donc à Paris, mais sans ressources. Toiles et couleurs coûtent cher, pourtant ; et on a beau être sobre et sage, il faut pour vivre, même médiocrement, un peu de cet argent qu'on apprend à mépriser dès que la bourse est bien garnie.

Là, comme à Andely, le jeune Poussin dût d'abord se placer aux gages de quelque peintre en renom, toujours pour broyer les couleurs; en attendant qu'il se soit fait une clientèle et obtienne des commandes.

Le début dût être dur pour lui, car nous voyons qu'en 1613, sa mère est obligée de vendre un petit bien qu'elle possédait à Villers, et dont le produit probablement permit à Nicolas Poussin de vivre moins péniblement qu'il l'avait fait jusqu'alors.

Voici la copie littérale de l'acte de vente auquel je fais allusion (1):

« Du XXIXe Septembre MVI et traize, a Andely,
« p^{t} Dieupart Nott. présence de Rouen adj^{t}.

« Furent pñtz en leurs personnes Jehan Poussin
« et Marie Delaisement sa f^{e} de luy deuement auto-
« rizée, lesquels ont ensamblement vendu, cédé et
« transporté à Nicollas farain, lab^{r} d^{t} à Villers, pñt et
« accep^{t}, c'est a savoir vingt perches de terre ou
« environ, la piece comme elle se comporte, ass. à
« Villers, triege du camp Valot, b. d. c. Quentin
« David à cause de sa f^{e}, d. c..... Le Tellier, d. b. la
« terre de N^{re} dame d'Andely et d. b. le chemin qui

---

(1) Original en la possession de M. Letailleur. Cet acte avait été déjà publié dans les *Archives de l'Art français*, I, p. 2 et 3, mais sans fac-simile. Pour la première fois on a ici les signatures des père et mère du Poussin.

Les abréviations suivantes signifient : *b*, borné ; *dc*, d'autre côté ; *db*, d'autre bout, etc.

« va a la Croix Rompue, tenue du s[r] de Villers, fran-
« che de R. La vendue faitte par le prix et somme
« de saize livres t[s], avec trente sols, avec vin du
« marché, franch[t] venant, le tout pñtement paie en
« monnoies aiant cours, dont lesd. vendeurs se sont
« tenus a coptens, promettans garantir aud. farain
« led. heritage q. dess. sur l'obligation de tous
« leurs biens, en pres[ce] de..... Lescuier, d[t] a Villers,
« de pierre besnier, masson, d[t] en la parr. de guise-
« niers, tes[s]. »

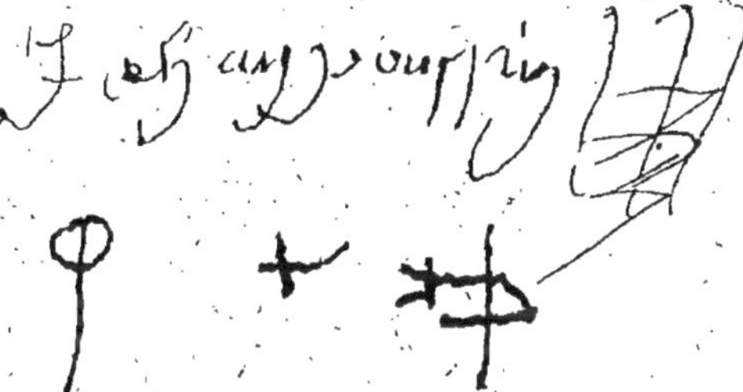

Merc Lescuier | Merc Marie Delaisement mère du Poussin | Merc Besnier

Dans l'acte de vente d'une demi acre de terre, située au hameau de Villers et au triège du parc de Trie, acte passé devant Denis Mullot, notaire à Andely, le 12 octobre 1668, il est dit que la pièce de terre sus mentionnée avait été acquise « par Nicolas Letellier, de Marie Delaisement, veuve de « deffunct Jean Poussin, par autre contrat passé sous

« ledit scel, le second jour de mars mil six cens « trente cinq » (1).

Donc, en 1635, le père du Poussin était mort.

A cet acte se trouvent réunies les deux pièces analysées ci-après, se rapportant à des membres de la famille Poussin, comme possesseurs de propriétés foncières dans la localité :

20 mars 1689. Vente par Charles Le Tellier, père et fils, devant Ancel, Notaire Royal à Andely, et Nicolas Thiberge, Adjoint, à Georges Motailler, de Villers. — Une demi acre de terre assise au dîmage de Villers, triège du Vivier, b. d. c. le S[r] des Planches ; d. c. les représentants du Sr de la Poterie ; d. b. la fabrique de Notre Dame d'Andely, et d. b. les sieurs du Chapitre d'Andely. Moyennant 90 livres payées comptant.

18 avril 1706. Vente par Marie-Catherine Farin, veuve de Jean Le Tellier, demeurant à Villers-sur-Andely, à Robert Tiberge, tisserand, demeurant à la Magdeleine d'Andely. Vingt perches de terre, partie plantée en vignes, sise à Andely, triège du Mont-de-Fresne. Moyennant quinze deniers de rente seigneuriale et cinq sols de fief, etc. — Acte signé et scellé par A. Varin, Contrôleur, qui a perçu 20 sols et 10 sols pour son droit, le 1er juillet 1706.

(1) Pièce communiquée par M. Désiré Lécuyer, de Villers.

Cette famille Varin, avait de temps immémorial fixé sa résidence aux Andelys et il paraît probable dès lors que le peintre Quentin Varin, y avait été attiré par des motifs de parenté.

L'acte suivant (1) vient confirmer l'ancienneté de la résidence des Varin aux Andelys :

7 mai 1503. Acte de vente lu à l'issue de la Messe paroissiale de Notre Dame d'Andely, où figurent comme témoins : Jehan Varin, Gillot Le Tellier, et autres.

Les trois tableaux de Quentin Varin, que l'on voit aujourd'hui dans l'église Notre-Dame, étaient placés, par destination, dans les trois chapelles existant avant la Révolution, dans cette église, sous les vocables de saint Clair, de saint Vincent et de Notre-Dame de Liesse.

Des actes ci-dessus, fort importants pour nous, il résulte, sans contestation possible :

1º Que Jehan Poussin, père du peintre, existait en 1613, et qu'il décéda avant 1635 ;

2º Que Marie Delaisement, sa femme, vivait encore à cette dernière date.

C'est un point de biographie qu'on n'avait pu préciser jusqu'ici.

---

(1) Actes produits en copies par M. Letailleur, à qui je ne saurais trop témoigner ma reconnaissance.

Dès son arrivée à Paris, Poussin avait été assez heureux, dit Félibien, pour rencontrer « un jeune seigneur du Poitou, qui ayant de la curiosité pour les tableaux, le receût chez luy, et luy donna moyen d'étudier plus commodément qu'il n'auroit fait sans ce secours. »

Bellori dit de son côté : « Tròvo egli quivi subito ricapito, e pensione appresso un gentiluomo del Poitù, che secondo l'uso de' Nobili era venuto a servire alla corte. »

La vie matérielle fut donc assurée ; mais, presque certainement, en retour de travaux quelconques, de portraits notamment, que ce jeune seigneur dut emporter en Poitou lorsqu'il fut obligé de quitter Paris.

Cet appui, on ne peut plus précieux, avait permis à Nicolas Poussin d'étudier, d'abord sous un peintre peu habile dont on ne sait pas le nom, puis chez Ferdinand Elle, flamand d'origine, alors en réputation pour les portraits, mais dont le genre ne convenait pas aux aspirations du jeune artiste. Dans le même temps, Poussin fit la connaissance de curieux qui lui prêtèrent des estampes de Raphaël et de Jules Romain ; ces estampes l'enthousiasmèrent au point qu'il se proposa de suivre la manière de ces grands maîtres. Bellori et Félibien sont d'accord pour reconnaître l'influence qu'exercèrent ces œuvres sur la destinée de Poussin ; mais ils ne nous disent point ce qu'il fit pendant tout ce temps d'essai, qui dura peut-être un an (août 1612 à juin 1613 ?) On aimerait le savoir, et connaître aussi son genre de vie à ce début d'une carrière qui devait être si brillante ; mais le silence s'est fait à cet égard, et il ne pourra être rompu que si l'on découvre un jour dans les archives un compte de travaux exécutés alors par le jeune artiste, ou même un portrait signé de lui, car quelque dédaigneux qu'il fut du genre d'Elle, son troisième maître, il a bien dû, pressé par le besoin, faire le portrait de son protecteur, ou de quelques amis, en échange de menue monnaie.

On aura pu remarquer, combien deviennent rares dans le commerce les toiles des seizième et dix-septième siècles. Recherchées par des collectionneurs spéciaux, ou par des peintres qui, après restauration, les revendent, elles disparaissent du marché parisien, pour aller on ne sait où. La plupart n'ont aucune valeur ; beaucoup même sont des œuvres de début abandonnées aux bric-à-brac et qu'on réunit en lots à l'hôtel des ventes.

C'est dans ces rebuts du mobilier qu'il faut chercher les premiers essais de nos grands artistes.

Des trouvailles surprenantes y ont été faites, à diverses époques, par les clients habituels des brocanteurs, et on en fera toujours, bien que la marchandise se raréfie.

Toute vieille toile, même crevée, pourrie, doit être examinée attentivement, car en si mauvais état qu'elle soit, elle vaut la peine d'être réparée, si elle offre un intérêt quelconque.

Qu'on songe surtout aux inscriptions qui sont quelquefois au dos des toiles : cette recommandation est particulièrement applicable aux portraits.

Tout portrait d'homme ou de femme, dont on sait le nom, doit être recueilli.

VII. — Séjour en Poitou, retour à Paris.

Félibien, qu'il faut toujours consulter, nous apprend que le gentilhomme *avec lequel Poussin demeurait*, ayant été obligé de retourner en Poitou, engagea son protégé à le suivre, avec l'intention « de le faire peindre dans son château ». Et il ajoute : « Mais comme ce Seigneur estoit jeune, et encore sous la puissance de sa mère, qui n'avoit nulle inclination pour les tableaux, et qui regardoit dans la Maison un Peintre comme un domestique inutile, le Poussin, au lieu de se voir occupé à son Art, se trouvoit le plus souvent employé à d'autres affaires, sans avoir le temps d'étudier. Cela le fit résoudre à s'en retourner. »

Quelques biographes se sont écarté de cette donnée si simple et si vraie ; Bouchitté surtout prétend que Poussin fut emmené en Poitou pour orner le château en question « de peintures d'un style élevé ».

Il faut, en ceci encore, s'en rapporter aux sobres indications de Félibien.

On ne sait pas en quelle année Nicolas Poussin alla en Poitou ; on peut, ce me semble, en fixer approximativement la date à l'année 1613, en supposant que sa première résidence de Paris ne se soit pas prolongée au delà d'un an.

Pendant combien de temps y séjourna-t-il ? Trois mois ? Six mois ? Une couple de mois seulement, sans doute ; car si la châtelaine dont parle Félibien considérait vraiment le jeune artiste comme une bouche inutile, elle dût, autant qu'elle put, précipiter son départ par des observations plus ou moins courtoises.

En réalité, on ne sait rien autre chose que ce qu'à dit Félibien.

Il est très difficile aussi, en l'absence de toute indication, de deviner le lieu où Nicolas Poussin habita en Poitou.

La province du Poitou était vaste ; elle comprenait les départements actuels des Deux-Sèvres, de la Vendée et de la Vienne.

Cependant, je serais tenté de croire que le Poussin ne dépassa point le Haut-Poitou, et que par conséquent c'est vers Poitiers, Châtellerault, Montmorillon, Loudun, La Trémouille, Saint-Savin, Richelieu, Thouars, Lusignan, Rochechouart, Vivonne et Parthenay, qu'il faut chercher le château qui l'abrita.

Les manoirs féodaux sont fort nombreux dans cette région, et recèlent peut être encore quelque œuvre de la jeunesse du grand peintre.

En supposant donc qu'il ait habité les environs de Poitiers, sa route directe pour rentrer à Paris était par Châtellerault, Tours où il travailla peut-être, Cheverny et Blois où il a travaillé, Orléans, Pithiviers, Etampes et Corbeil.

Sur cette route, bordée à quelque distance de châteaux importants, il put trouver l'emploi de ses talents naissants ; de sorte qu'il n'est pas téméraire de dire que là tout autour il faut chercher et fouiller.

Il faut, bon gré mal gré, y découvrir surtout le portrait du jeune gentilhomme qui hébergea Poussin, et celui de sa mère qui dut être fait aussi : ils doivent exister quelque part, ayant passé par héritage peut-être à des collatéraux éloignés.

Félibien nous renseigne d'ailleurs encore à cet égard, lorsqu'il dit : « N'ayant pas de quoy faire les frais de son voyage, le Poussin fut contraint de travailler quelque temps dans la Province pour s'entretenir, taschant peu à peu à s'approcher de Paris. Il y a apparence que ce fut dans ce temps-là qu'il fit à Blois dans l'Eglise des Capucins deux tableaux qu'on y voit encore, et qu'on connoist bien estre de ses premiers ouvrages ; et qu'il travailla aussi dans le Chasteau de Chiverny où il fit quelques Baccanales. »

En ce qui concerne le château de Cheverny (1) il est constant qu'il y avait autrefois « une loge célèbre par une bacchanale de la main du Poussin » (2) ; mais « il n'en reste aucune trace », et M. le Marquis de Vibraye, propriétaire du château, m'a confirmé cette indication, en m'assurant qu'il ne possédait ni peinture, ni dessin, ni papiers quelconques de cet artiste.

L'illustre chancelier Hurault de Cheverny y reçut le jour en 1528, y demeura, et fit ériger la terre en vicomté, de la mouvance immédiate de Blois.

En 1634, son fils aîné, créé comte de Cheverny, fit démolir une partie des bâtiments élevés par son aïeul, et construire le château, genre Renaissance, qui existe aujourd'hui.

Quant aux tableaux que le Poussin avait peints pour les Capucins de Blois, sur les fenêtres du chœur de leur église (3), et qui représentaient un saint François et un saint Charles Borromée (4), « ils sont

(1) *Cour-Cheverny* (Loir-et-Cher), à 13 kilom. de Blois. 1179 habitants.

(2) Blois et ses environs, par L. de La Saussaye. Paris, 1873, 2 vol. in-8, page 388.

(3) Histoire de Blois, par Bernier. Paris, 1682, in-4, p. 67.

(4) « Et quoy que le S. François et le saint Charles Borromée, peints sur les fenestres de leur Chœur, par le Poussin, ne soient pas de la grande manière, je croy qu'il n'est pas hors de propos de les faire remarquer, tant ce nom leur fait d'honneur. »

perdus », dit Clément ; mais on a signalé, autrefois, la présence chez un M. Trouilleux, à Blois, d'un tableau du Poussin, figurant l'Assomption de la Vierge, et qui venait de l'église saint Nicolas ; et on assurait d'après une tradition locale, que ce tableau avait été envoyé de Rome aux capucins de Blois, par Poussin, comme témoignage de reconnaissance pour le bon accueil qu'il avait reçu d'eux.

La question du séjour du Poussin en Poitou a été, pour la première fois, posée au Congrès de la *Société française d'archéologie* tenu à Fontenay (Vendée) en 1864.

M. Benjamin Fillon, mieux informé que ses confrères sur un grand nombre de points de l'histoire de la région, se borna à répondre :

« Il est difficile de savoir quel est le château poitevin où Poussin fut traité en domestique, et d'où il se sauva pour retourner à Paris, gagnant sa vie en faisant des tableaux. Dans une toile de Poussin, quelques-uns ont cru trouver le site du château de Clisson. Mais qu'ils ne se trompent pas : le Clisson d'aujourd'hui n'est pas le moins du monde semblable au Clisson d'autrefois, et l'identité si même elle existe, disparaît à cause de la différence du temps. En feuilletant les états de la maison du roi, on n'a pu trouver aucun nom de famille poitevine concordant avec l'histoire du Poussin. Ce point-là reste donc encore entouré de mystère. »

Pourquoi ces mots : *se sauva ?* Si incompris qu'ait été Poussin auprès de la châtelaine à laquelle il est fait ici allusion rien n'indique qu'il dût fuir la retraite où il avait été momentanément recueilli.

A défaut de la mère, avare et ignorante, le fils restait pour assurer au Poussin un départ honorable, en lui remettant quelque secours de route.

Au mois de novembre 1893, j'ai repris à nouveau la question ; et, par une note insérée dans un certain nombre de journaux de Paris, du Poitou, de la Touraine, de la Normandie, etc., j'ai provoqué les recherches à ce sujet.

J'avais fait précéder cet appel de lettres adressées à plusieurs de nos confrères.

L'un d'eux, M. B. Ledaix, de Poitiers, m'a fait l'honneur de me répondre : «... Dans les nombreux documents historiques que j'ai parcourus, je n'ai rien rencontré sur le séjour du Poussin en Poitou. J'ignore même où il faudrait chercher pour espérer trouver quelque chose. Il faut, je crois, compter seulement sur le hasard. »

M. F. Grelan-Fradet, de Couhé (Vienne), qui avait lu mon appel, m'a écrit : « Il y a deux ans, je fis, dans une vente publique, acquisition d'un prie-Dieu Louis XIII surmonté d'un panneau sur bois, représentant le Christ, saint Jean et sainte Madeleine. De l'avis des connaisseurs, ce tableau est d'un maître et on l'a attribué à Simon Vouet. Il pourrait se faire qu'il fut du Poussin. Ce que je sais, c'est que ce meuble avait été acheté à une vente d'un château, il y a environ quarante-cinq ans, par le père de la personne de laquelle je le tiens, et qui, elle-même, est décédée. Il serait, je crois, assez facile de savoir après enquête, le château d'ou vient le prie-Dieu. Ce doit être aux environs de Civray. »

Un autre, mieux intentionné qu'érudit, m'envoya extrait d'une biographie qui lui était tombée sous la main.

D'autres ne répondirent point à mes lettres, pensant avec raison, que parler pour ne rien dire est inutile.

Les directeurs de la *Revue Poitevine et Saintongeaise* (1), qui avaient recueilli mon appel, ont reçu les réponses ci-dessous :

1° « Je possède une bonne copie d'une des œuvres de N. Poussin. C'est une grande toile (1m 24 × 0m 84), représentant la *Peste d'Azoth*. L'original se trouve au Louvre. Une demoiselle Renard, revendeuse d'antiquités à Niort, a eu autrefois en sa possession ce même sujet peint sur bois. Ma copie est relativement ancienne. Ne pourrait-on pas conjecturer de là : 1° qu'elle a été exécutée au siècle dernier, alors

(1) Parait à Saint-Maixent. Voir les livraisons de novembre et décembre.

que l'original n'était pas encore entré dans les collections du roi ; 2° que l'original se trouvait à ce moment en Poitou, peut-être dans un château voisin de Niort ? Enfin, j'ajouterai que les collections de B. Fillon comprenaient un « dessin capital du Poussin, pour son *Testament d'Eudamidas*, plume et bistre, ayant de notables différences avec le tableau du maître, gravé par Pesne. — Abbé Largeault. »

2° « En l'absence de documents écrits, il me paraît difficile de répondre d'une façon précise à la question que vous avez posée. Je crois néanmoins que c'est au Bas-Poitou que revient l'honneur d'avoir donné asile à Nicolas Poussin. Voici au surplus, le résultat de la petite enquête à laquelle je me suis livré à cet égard.

« M. G. Duplessis (*Hist. de la gravure en France*) et M. Arnauldet (*Archives de l'Art français*) ont émis l'idée que le protecteur poitevin de Nicolas Poussin pourrait être le chevalier Avice, de la famille des Avice de Mougon, à laquelle appartenait le château de Saint-Juire, près Saint-Hermine.

« Tel n'était pas l'avis de M. B. Fillon. D'après ce dernier, c'était bien également près de Sainte-Hermine, mais au château de Chaligny, chez M. de Régnon, que l'illustre maître se serait retiré à sa sortie de l'atelier de Lallemand.

« En retour de la cordiale hospitalité qu'il y reçut,

et que semble contester, sans grandes preuves, la Biographie Didot, Poussin décora-t-il le château de Chaligny ? Je ne saurais le dire. Ce qui est certain, c'est que les de Régnon ont conservé jusqu'à ce jour un paysage qui lui est attribué et des Captifs Gaulois en grisaille qui rappellent absolument sa manière (1). Chaligny était du reste, à cette époque, somptueusement décoré, et c'est de là que proviennent notamment les superbes tapisseries des Triomphes qui ornent les murs de la salle à manger du château de Terre-Neuve. — René Vallette, directeur de la *Revue du Bas-Poitou.* »

3° « Si l'on s'en rapportait à l'*Histoire de la gravure*, de M. G. Duplessis, et à un article de M. Thomas Arnauldet dans les *Archives de l'Art français*, t. VI, p. 249, le protecteur du Poussin qui était alors fort jeune aurait été le chevalier Avice, appartenant à une ancienne famille Niortaise. Cette famille possédait, à l'époque dont il s'agit, les seigneuries de Galardon, la Chauvière, la Vigerie, Mougon et la Mothe-Claveau. Elle est encore représentée en Bretagne par la branche des Avice de Mougon et en Poitou par la branche des Avice de Surimeau. Mais dans la nouvelle édition du *Dictionnaire des familles*

---

(1) Le premier se trouve actuellement à Nantes, chez M. de la Roche-Saint-André, et le second dans la famille de la Paumelière, au château du Lavouër, près Chemillé.

du Poitou, MM. Beauchet-Filleau affirment que l'ami du Poussin, le chevalier Avice, qui était lui-même artiste graveur, appartenait à une famille normande qui n'a rien de commun avec les Avice de notre province, et j'ajoute que chez les Avice de Mougon auxquels je tiens de près, on n'a conservé nul souvenir d'un ancêtre qui se serait adonné à l'art de la gravure. Il y a donc lieu, ce me semble, de douter du séjour du Poussin en Poitou, opinion qui ne reposerait que sur une confusion de noms. — A. de la Bouralière. ».

M. Anatole de Montaiglon a eu à s'occuper de cette question, et voici ce qu'il en pense (1) :

« Félibien n'a pas dit le nom du jeune gentilhomme poitevin qui l'emmena dans sa province, et qui se mêlait de peinture. M. Arnaudet l'a peut-être trouvé ; en effet un certain chevalier H. Avice, amateur plutôt qu'artiste, a gravé d'après Poussin une *Adoration des rois*, en largeur, et des enfants jouant avec des cigales. La pointe maladroitement fine, mais surtout grise et comme emmêlée, n'a rien de bien remarquable, mais ses planches ont ceci de curieux qu'elle peuvent être antérieures à celles qu'ont faites en France, Pesne, Audran et les demoiselles Stella. En effet, la première date qu'on connaisse à

(1) *Archives de l'art français. Documents.* t. VI, 1858-1860, p. 249.

propos d'Avice est celle de 1642, année dans laquelle il inventa et grava le titre du livre de Le Laboureur, *Tombeaux des personnes illustres*, et la dernière est celle de 1654, année dans laquelle il dessina par ordre du roi la cérémonie du sacre, que le Pautre grava en trois planches et fit paraître à Paris en 1655. Ainsi, Avice a gravé Poussin l'un des premiers ; il tenait à la noblesse, puisqu'il portait le titre de chevalier, et ce qui est plus, son nom peut le faire croire poitevin, puisque ce nom est encore fréquent dans le pays et dans les provinces limitrophes ; ainsi à Tours, Avisseau, l'habile potier. Malgré tout, cette opinion, tirée de la présence en Poitou du nom d'Avice, que mon ami M. Arnaudet a remarquée et m'a signalée, n'a rien de certain. Ce n'est qu'une supposition, qui ne sera probablement jamais prouvée ; mais elle est, jusqu'à nouvel ordre, aussi acceptable pour pouvoir être produite et mise en avant pour ce qu'elle vaut. »

Il est difficile d'admettre, malgré le témoignage de Félibien, que le jeune gentilhomme si bien intentionné pour Poussin ait pu le renvoyer sans argent. Si jeune qu'il put être, il disposait de quelques ressources ; et ces ressources il ne les aurait point mises à la disposition de son ami ? Ce n'est vraiment pas croyable. On aimerait mieux avoir à constater une séparation, justifiée par des divergences de vues, qu'un congé sec donné par une marâtre ignorante et brutale.

Après cet incident, dit encore Félibien, Poussin « revînt enfin à Paris, mais si fatigué des peines qu'il avait souffertes dans son voyage, qu'il tomba malade, et fut obligé d'aller chez son père, et d'y demeurer environ un an à se rétablir. »

La route suivie par l'artiste, du Poitou à Paris, et de Paris à Andely, ne peut être exactement indiquée ; Prit-il le coche ? Alla-t-il à pied ? On ne sait rien. Il dut comme je l'ai dit, errer un peu à l'aventure, séjourner à droite et à gauche, suivant les nécessités de son existence, profiter souvent des facilités que des voituriers bienveillants lui procuraient en route pour arriver plus vite à destination. A ce moment pénible de sa vie ou peut se fixer Poussin, malade, découragé, cheminant de ville en ville, un lourd fardeau sur le dos, sa seule ressource, sa seule fortune, son seul avenir ?

Le séjour de Poussin à Andely doit être fixé approximativement, entre ces deux dates : 1614-1615.

Il serait donc revenu à Paris au printemps de l'année 1616, et cette fois il y serait resté pendant un temps plus difficile encore à déterminer.

Félibien nous dit, en effet, que « lorsqu'il fut entièrement guéri, Poussin vint à Paris, et alla aussi dans quelques autres endroits où il continua de peindre. »

Cette époque de la vie de Nicolas Poussin est celle sur laquelle on a le moins de renseignements ; aucun de ses biographes ne s'y est même arrêté un instant. Elle est cependant pleine d'intérêt pour les chercheurs, car puisqu'il « alla en plusieurs endroits où il continua de peindre », il doit exister de lui en divers lieux de France des toiles qui mériteraient d'être signalées et décrites.

Ces jours-ci, lisant le bel ouvrage que le consciencieux M. Perrault-Dabot publia sur l'*Art en Bourgogne* (1), j'y ai rencontré la mention du passage de Nicolas Poussin à Dijon, à une date indéterminée.

Le plus ancien historien qui parle du séjour du peintre est Courtepée (2) :

« Nicolas Quentin, fameux peintre Dijonnois, inhumé à Saint-Nicolas, en 1646, *sans monument*, disent les registres ; mais les ouvrages qu'il a laissés seront un monument éternel de sa capacité et de

---

(1) *Paris, H. Laurens*, 1894, gr. in-8, superbement illustré, page 180.

L'art du tableau, dit M. Perrault-Dabot, « fait une timide apparition avec J. Courtois (1621-1676), qu'on a appelé le Bourguignon, parce qu'il était né en Franche-Comté, au temps où cette province faisait partie de la Bourgogne. »

(2) Description historique et topographique du duché de Bourgogne, par Courtépée et Béquillet. Dijon, 1777, 2 vol. in-8, t. II, p. 92.

son bon goût. Nicolas le Poussin passant à Dijon, en voyant aux Jacobines le tableau de Jésus-Christ communiant sainte Catherine (1), admira la beauté de ce morceau, et dit, en apprenant qu'il restoit en cette ville : *Il n'entend pas ses intérêts ; que ne va-t-il en Italie ; il y ferait fortune ?* »

Girault, dans ses *Essais historiques et biographiques sur Dijon* (1814, in-8, p. 301) a reproduit cette anecdote qui a, depuis, été répétée par tous les Catalogues du Musée.

Mais aucun ne nous dit quand Poussin alla à Dijon ; ce fut en tout cas avant 1636, puisque Quentin mourut le 11 septembre de cette année (2).

De même pour Nancy, patrie du peintre Lallemand, où il est aussi allé.

Combien de temps Poussin resta-t-il en province ? On n'en sait absolument rien. (3) Pour le savoir il faudrait qu'il existât des œuvres datées de cette époque, et c'est ce qui nous manque encore. On peut, cependant, avec quelque vraisemblance, fixer à quatre ans la durée de son séjour dans plusieurs des localités

(1) Ce tableau de sainte Catherine est aujourd'hui à l'hopital Sainte-Anne.

(2) Sa tombe se trouvait dans l'église Saint-Nicolas aujourd'hui détruite.

(3) Châteaubriand parlant dans le *Génie du Christianisme* (édit. de *Lyon*, 1804, VIII, 231) des hôtelleries de la religion, dit que « le Poussin est un des derniers voyageurs qui ait profité de cette coutume chrétienne. »

qu'il visita alors ; et circonscrire ses voyages à l'extrême limite de la Bourgogne.

Il se serait donc arrêté à Dijon, retenu sans doute, par des travaux, vers l'année 1618.

Enfin, dit toujours Félibien—, « poussé par le désir violent qu'il avait d'aller à Rome, il se mit en chemin pour exécuter son dessein. Mais il ne passa pas Florence, ayant esté contraint par quelque accident à revenir sur ses pas. »

Cet accident de quelle nature était-il ? Aucun biographe ne l'a indiqué. Y eut-il même accident ? Car, après tout, la plus grande partie de la route était faite ; et quelques étapes de plus, l'objet des rêves du Poussin eut été réalisé. Une autre cause, sans doute, obligea l'artiste à repasser la frontière, et cette cause ne nous est pas plus connue que le reste. Il y a là une lacune essentielle dans la vie de l'artiste, lacune voulue peut être, et dont il n'a confié le secret à personne.

Mais, à ce moment là, Poussin avait plusieurs commandes et travaillait notamment au Trépas de la Vierge, pour l'église Notre-Dame de Paris.

Il refusa donc les offres du cavalier Marin, (1) si

(1) Jean-Baptiste Marini, dit le *Cavalier Marin*, né et mort à Naples (1549-1625), poète italien qui, après avoir eu une jeunesse mouvementée, se réfugia en France, et y composa son poème de l'*Adonis* ; il retourna à Rome en 1622. Marie de Médicis lui servait une pension de 1500 écus.

flatteuses qu'elles fussent pour lui : il le retrouvera, du reste plus tard, en Italie, et la connaissance commencée à Paris s'affirmera par une protection plus vive, plus éclairée encore, qui établira entre l'un et l'autre une amitié indissoluble, mais bientôt brisée par la mort.

Nous voici en 1623 ; l'artiste a vingt-neuf ans ; il est rentré à Paris ; les Pères Jésuites vont célébrer la canonisation de saint Ignace et de saint François Xavier, et c'est à Poussin qu'ils confient le soin de peindre les miracles des deux saints, dans six tableaux que celui-ci fera, à la détrempe, en six jours.

Dans le même temps le cavalier Marin s'intéressa vivement à Nicolas Poussin ; on peut même lui attribuer l'honneur de l'avoir le premier traité avec distinction, encouragé, protégé, et de lui avoir surtout proposé de l'emmener à Rome.

Où alla Poussin, en quittant Florence ? On n'en sait rien non plus ; et ce que nous dit Félibien de cette période de la vie de l'artiste n'est certainement point de nature à nous aider à lever le voile qui couvre cet autre inconnu. En effet, pressé en quelque sorte de masquer la vérité au lecteur, il se borne à cette sommaire indication : « quelques années après, se rencontrant à Lyon, et voulant pour la seconde fois entreprendre le voyage de Rome, il y trouva encore de nouveaux obstacles » Et c'est tout !

Ainsi plusieurs années de la vie de l'artiste sont passées sous silence par celui qui certainement l'avait le mieux connu. Mais le sphinx auquel j'ai fait allusion, n'aura point voulu parler quand on le questionnait, et il aura préféré emporter dans la tombe le secret de ses douleurs du vieux temps, que d'en faire confidence à la postérité.

En mai 1650, écrivant à de Chantelou qui le pressait de faire son portrait, Poussin répondit qu'il y avait vingt-huit ans qu'il n'avait fait de portraits, ce qui nous ramène à l'année 1622.

Cependant, Félibien assure que Poussin « s'appliquait toujours au travail avec un même amour. »

Mais que fit-il, en plus de ce que nous savons, de 1612 à 1623 ? Voilà ce qu'il nous faudra tous chercher aussi dans la région de Lyon et du Lyonnais.

Cette région est riche en œuvres d'art, riche aussi en archives anciennes, mais qui ne sont pas toutes suffisamment classées.

Les collectionneurs y sont nombreux et instruits ; la presse y accueille toujours, à l'inverse d'autres provinces, les articles de littérature et d'art.

Comment se fait-il que de là encore, on ne signale aucune découverte des premières œuvres du Poussin ?

C'est donc qu'il ne signait pas ses toiles, même d'initiales, d'un signe quelconque ?

Il ne faisait pas de portraits, en ce temps-là, non plus, dit-on. Je ne peux le croire, car c'est la ressource habituelle des peintres voyageurs ; pour beaucoup de ceux qui sont devenus célèbres, çà été la manne bienfaisante des mauvais jours, des années de détresse.

Portraits et petits sujets religieux ont dû aider Poussin à vivre dans la région du lyonnais : c'est vers ce genre de toiles que les curieux doivent surtout exercer leur flair...

VIII. — **Voyage à Rome.**

Enfin, ayant réuni sans doute les ressources suffisantes pour effectuer cette fois le voyage sans encombre, Nicolas Poussin partit pour Rome. Il y arriva au printemps de l'année 1624 (1) et y retrouva le cavalier Marin qui, avant d'aller à Naples, où il devait mourir peu de temps après, recommanda Poussin à Marcelli Sacchetti, qui lui procura, dit Félibien, les bonnes grâces du cardinal Barberin, neveu du pape Urbain VIII.

Cette connaissance fut pour l'instant, peu utile à l'artiste qui, sans appui, sans commande, n'obtenait que des prix dérisoires de ses tableaux. Il avait alors trente ans ; et c'était le moment ou jamais de fixer sa destinée. Mais il était si malheureux qu'il « se passait de peu de chose pour sa nourriture et pour son entretien ». A cet instant de sa vie, Poussin, dépourvu même de mobilier, logeait chez le sculpteur flamand François du Quesnoy, avec lequel il étudiait les Antiques. La rentrée à Rome du cardinal

(1) Félibien.

Barberin assura son avenir ; et dès ce moment Poussin, passé maître, s'appliqua de plus en plus à composer les œuvres qui devaient le rendre immortel.

Le 9 août 1630, et non le 18 octobre 1629, comme on l'a dit, Poussin épousa à Rome Anne-Marie Dughet (1), fille aînée du peintre de ce nom, sans fortune, mais dont les soins dévoués avaient assuré sa guérison, lors d'une grave maladie qu'il avait faite.

Voici le texte de l'acte de mariage que M. Lemonnier a publié :

« Nicolas, fils de Jean Poussin, Français, domicilié actuellement en la paroisse du Peuple, a épousé Anne-Marie, fille de Jacques d'Ughet, demoiselle romaine, de cette paroisse de Saint-Laurent *in Lucina.* » (1)

Les registres de l'état de la population constatent, en outre, que la maison habitée par ledit Poussin, dans la rue Pauline, maintenant nommée *Babuino*, est celle qui porte le n° 79 ; il y demeura depuis 1637 jusqu'en 1665, année de sa mort.

(1) Anne-Marie Dughet avait deux frères, Louis et Jean, et une sœur Jeanne, qui épousa Sébastien Cherobito. Dans le testament du Poussin, le nom de Dughet s'est transformé en celui de *Douquet*. Jal, souvent si bien informé, n'a rien su de particulier sur le peintre Dughet et sa famille.

(2) Extrait, traduit du Registre des Mariages de la paroisse de Saint Laurent in Lucina, au 9 août 1630, folio 173.

Châteaubriand, dans ses *Mémoires d'Outre-Tombe*, a dit ceci :

« Poussin acheta, avec la dot de sa femme, une maison (1) sur le Mont-Pincio, en face d'un autre casino qui avait appartenu à Claude Gelée, dit le Lorrain. »

Je ne sais où Châteaubriand a puisé cette information, inexacte à n'en pas douter, puisque Poussin nous dit lui-même : « Nous n'avons rien en propre ; nous avons tout à louage. »

Le Poussin était tranquille à Rome, lorsque sur l'invitation personnelle du roi Louis XIII, il se décida à rentrer à Paris. Son protecteur de tous les instants, le conseiller de Chantelou avait fait exprès le voyage de Rome pour le décider à venir. Il paraît que les hésitations du peintre durèrent quelque temps, et furent assez sérieuses pour faire craindre à Chantelou d'échouer dans sa démarche. Enfin, il se décida ; et en décembre 1640 le Poussin prit la route de Paris, en compagnie de Jean Dughet, son beau-frère, et laissant à Rome, on ne sait pourquoi, la femme qu'il n'avait épousée cependant que par reconnaissance.

A Paris, il fut honoré des faveurs de la Cour ; le roi le nomma son premier peintre ordinaire ; il tra-

(1) Cette maison a été démolie ces années-ci.

vailla à la satisfaction de tous, mais ne put échapper à la jalousie qui assombrit si souvent le caractère ombrageux des artistes.

Toute cette partie de la vie de Poussin est connue ; on sait aussi que ce sont ces jalousies qui le décidèrent à retourner à Rome.

Parti de Paris à la fin de septembre 1642, Poussin rentra le cinq novembre suivant dans sa petite maison du Mont-Pincio. Il était resté près de deux ans à Paris. Peu de temps après il apprit la mort du roi Louis XIII et celle du cardinal de Richelieu, le départ de la cour du surintendant De Noyers : du même coup il perdait ses protecteurs.

Désormais il restera à Rome, mais De Chantelou continuera à être à Paris son correspondant le plus fidèle et son admirateur le plus dévoué.

Intentionnellement, j'ai résumé en quelques mots, malgré le temps parcouru, cette période de la vie du grand peintre, parce qu'elle ne devait pas faire l'objet de mes recherches. De même, je ne parlerai ni de ses œuvres faites à Paris et à Rome et dont la plupart, d'ailleurs, sont connues.

Je me borne à reproduire ici une anecdote le concernant que je n'ai rencontrée que dans le *Dictionnaire des Beaux-Arts* de Lacombe.(1) Cet auteur,

(1) Edition de 1759, page 699.

dit ceci : « Le roi Louis XIII le nomma son premier peintre. Un jour que cet artiste venait à Fontainebleau, Sa Majesté envoya ses carosses au devant, et lui fit l'honneur d'aller jusqu'à la porte de sa chambre pour le recevoir. »

Le 16 octobre 1664, et non en novembre, Nicolas Poussin, perdit sa femme, ainsi que l'établit l'acte ci-dessous, (1) mis au jour également par M. Lemonnier :

« Acte de décès de dame Anne-Marie, fille du sieur Jacques d'Ughet, romaine, âgée de 52 ans, femme du sieur Nicolas Poussin. »

Cette femme ne lui avait pas donné d'enfant, bien qu'elle eut dix-huit ans moins que lui : il va donc se trouver seul avec un domestique.

Du 16 octobre 1664 au 19 novembre 1665, date du décès du Poussin, il s'écoula treize mois, dont chaque jour prépara son agonie.

On devine l'immense douleur qu'il dut ressentir de la perte de celle qui, aux heures de défaillance, le réconfortait, lui faisait entrevoir l'avenir !

Palette et pinceaux tombèrent de ses mains glacées, et, résigné, il attendit la mort.

---

(1) Registre des décès de la paroisse Saint-Laurent in Lucina.

Elle vînt bientôt, trop tôt pour la postérité.
L'avenir, seul, lui appartient désormais !

IX. — La mort du Poussin. — Son testament. Ses héritiers.

Voici la traduction de l'acte de décès de Nicolas Poussin : (1)

« Paroisse de St-Laurent in Lucina. Ce jourd'hui, « 19 novembre 1665, le sieur Nicolas, fils de Jean « *Peressin*, du diocèse d'Andelis, mari de feue « Anne-Marie Poussin, romaine, est mort dans la « communion chrétienne, à l'âge de 72 ans, dans la « maison qu'il habitait, sise rue Pauline, après avoir « reçu tous les saints sacrements, avec recomman- « dation de son âme, et a été enseveli dans cette « église. »

On remarquera que dans cet acte le nom du peintre est écrit *Peressin*. Est-ce un surnom qu'on lui avait donné, et sous lequel il était plus particulièrement connu ? C'est possible. En tout cas, on a pris soin d'écrire en marge : *autrement dit Poussin*. Nicolas Poussin est donc mort à Rome le 19 novem-

(1) Le registre qui renferme l'acte de décès du Poussin a pu être sauvé lors des inondations du Tibre en 1870.

bre 1665, âgé de 72 ans ; mais fait important à constater, ses cendres ne sont pas au lieu où Châteaubriand, pendant son ambassade de Rome en 1829-1830, lui fit ériger un monument, souvent visité par les touristes.

Je donne ci-après un dessin de ce monument que M. A. Lumbroso a bien voulu faire relever à mon intention, par son ami M. Camille Innocenti, artiste distingué (1) de Rome.

Ce monument, presque tout en marbre blanc, est bien conservé ; mais l'ensemble laisse à désirer. Le bas-relief surtout, reproduisant la scène des *Bergers de l'Arcadie*, qui est considérée comme l'un des chefs-d'œuvre du Poussin, est très mauvais. Christiani, faisant la critique du tableau, avait observé que le bras droit et la jambe droite du pâtre qui écrit, formaient avec le bras et la jambe gauche de celui qui est en face, une sorte d'H ; ce défaut est plus sensible encore dans le relief.

Je néglige toujours intentionnellement les détails, souvent reproduits, relatifs à la mort et aux funérailles du Poussin, et j'aborde, sans transition, ce qui concerne ses dernières volontés.

Poussin avait fait deux fois son testament, en 1664 et en 1665.

(1) Peintre, élève du célèbre Morelli, de Naples.

Le premier est mentionné en ces termes dans une lettre que Poussin écrivait le 16 novembre 1664 à de Chantelou :

« J'ai fait... un peu de testament, par lequel je laisse plus de dix mille escus de ce pays à mes pauvres parents qui habitent aux Andelys. Ce sont gens grossiers et ignorants, qui ayant après ma mort à recevoir cette somme auront grand besoin de secours et de l'aide d'une personne honnête et charitable. Dans cette nécessité, je viens vous supplier de leur prêter la main, de les conseiller et de les prendre sous votre protection, afin qu'ils ne soient pas trompés ou volés. Ils vous en viendront humblement requérir ; et je m'assure, d'après l'expérience que j'ai de votre bonté, que vous ferez volontiers pour eux, ce que vous avez fait pour votre pauvre Poussin pendant l'espace de vingt-cinq ans. »

On pense avec raison que la date ici indiquée est erronée, et qu'il faut lire *26* et non *16*. Le 23 novembre 1664, en effet, Poussin testait par un testament authentique, dont le texte entier ne nous est point parvenu.

Il semblerait que ses intentions dussent être alors bien arrêtées dans son esprit ; il n'en fut pas ainsi, et le 21 septembre de l'année suivante, il les révoqua et modifia ses dernières volontés qui, cette fois furent définitives.

Par ce dernier testament, *le très illustre Mr Nicolas Poussin,* fils de *feu Jean*, sans autre qualification, après avoir recommandé son âme à Dieu, à la vierge Marie et aux saints, disposa qu'à son décès, son corps revêtu de l'un de ses habits, serait porté, *sans aucune pompe*, à l'église paroissiale, et là exposé avec quatre torches allumées, puis inhumé dans ladite église.

Il disposa ensuite de ses biens de la façon suivante :

— A Louis Dughet (1), son beau-frère, 800 écus romains, de dix pauls à l'écu.

— A Jeanne Dughet, femme de Sébastien Cherabitto, son beau-frère, 1,000 écus romains.

— A Barbe Cherabitto, fille dudit Sébastien et nièce de feue Anne-Marie Dughet, sa femme, dix lots du Mont Ristoro, troisième bâtiment ; ainsi que *tous les meubles et ustensiles* qui se trouveront dans son habitation, y compris tout l'argent comptant qui y sera également trouvé, mais à concurrence de vingt écus romains seulement.

— A la même, 1,000 écus romains de dix pauls à l'écu.

— A Léonard Cherabitto, fils dudit Sébastien, 600 écus romains.

(1) Ce nom est écrit partout dans l'acte *Douquai*.

— A François Cherabitto, 200 écus de la même monnaie.

— A Jean Dughet, 1,300 écus romains, et lui fait remise de tout ce que ce dernier peut lui devoir ;

— A Giovanni Retrosi, banquier et expéditionnaire en Cour de Rome, 50 doubles d'Espagne ;

— A Françoise Le Tellier, veuve d'Antoine Posterla (1), 1,000 écus de France, ou en cas de décès, à ses enfants, par égales parts.

Quant *à tous ses biens, tant meubles qu'immeubles, comptes, crédits deniers, lots de montagne, bâtiments, en quelque façon que ce soit*, il les léguait à Jean le Tellier, fils de Nicolas et de Marie Honoré (2), sous la charge de payer les legs particuliers ci-dessus; qu'il institue son exécuteur testamentaire, avec le banquier Retrosi, déjà nommé aussi.

Par une disposition spéciale, Poussin déclarait que *son intention et volonté* étaient que *tous les effets de son héritage, excepté les lots de montagne, meubles, et autres objets*, laissés à Barbe Cherabitto fussent *vendus*, pour l'argent en provenir être employé, avec l'argent comptant et l'argent placé au Mont de Piété de Rome, aux dépenses de ses funérailles et au payement des legs particuliers; voulant encore que le

(1) Postel.
(2) *Honorati* dans l'acte

surplus soit remis à *Jean le Tellier, ou s'il est mort, aux enfants de Françoise Letellier.*

Confiant dans *l'intégrité et la sincère affection* de Giovanni Retrosi et Jean Dughet à son égard, Poussin, par le même acte, leur donnait *la plus absolue faculté et autorité de pouvoir, par eux-mêmes, de leur propre autorité, et sans aucun décret, ni ordre, ni mandat, et sans aucune instance, ou acte quelconque* dudit Jean le Tellier, institué héritier universel, ou des autres héritiers substitués, *exiger, lever, recouvrer et garder* ce qui sera dû à la succession, y compris les revenus des lots de Montagne.

Au fur et à mesure de la réalisation des ventes ou du recouvrement des créances, l'argent devait être déposé *au Saint Mont de Piété de Rome, à titre de crédit* à la disposition de ses héritiers.

Poussin voulait encore que les ventes et recouvrements fussent faits avec *activité* et *diligence;* et que l'argent à envoyer à ses parents d'Andely, leur parvînt par *lettres de change de quelque marchand que ce soit*, mais sans qu'en aucun cas ses exécuteurs testamentaires pussent être rendus responsables des envois qu'ils feraient.

Nous sommes là en présence d'un Testament fait avec sagesse et maturité.

Poussin n'oublie ni ses amis, ni les parents de sa femme, ni les siens propres, bien qu'il ne parût pas, des termes mêmes de l'acte, qu'il entretenait avec eux des rapports fréquents, puisqu'il ignorait, en 1665, s'ils vivaient encore.

C'est le banquier Giovanni Retrosi, qui dût, tout l'indique, expédier à Andely l'argent légué par Poussin.

Mais c'est Jean Dughet qui a nécessairement, tout l'indique aussi, vendu, *brocanté*, la succession.

Par *meubles* légués à Barbe Cherabitto, Poussin entendait-il parler, en outre, de ses papiers, de ses livres, de ses gravures, de ce qui se trouvait dans son atelier ? On ne saurait le dire. Mais que Barbe Cherabitto ait eu seulement les *meubles* meublants, ou les meubles et ce qui garnissait l'atelier, tout fut vendu, et c'est à Rome que tout fut dispersé.

Rien de tout cela ne parvînt à Andely, en raison même de la grande distance qui séparait les deux villes, du peu de valeur peut être des objets, et même de la profonde ignorance des Le Tellier qui, à leur tour, n'auraient pu que vendre aussi les objets qu'ils auraient reçu.

Jusqu'à ce jour il n'a point été découvert d'inventaire après décès, de procès-verbal de vente d'objets provenant de la succession de Poussin ; je les ai fait rechercher encore en vain ces temps-ci.

M. Anatole de Montaiglon a publié, dans les *Ar-*

chives de l'Art français (1), d'après un document manuscrit de la Bibliothèque nationale, un *Mémoire* des objets qui, en 1678, se trouvaient encore dans le cabinet de Nicolas Poussin et que son cousin et héritier, *Joanni*, — Jehan Dughet —, offrait de vendre, pièce par pièce, ou en bloc, à l'abbé Nicaise, de Dijon.

Le tout représentait une valeur de 1208 *doppie*, c'est-à-dire 24,160 livres.

Il s'y trouvait des manuscrits, dessins et croquis du Poussin, des recueils d'estampes, des statues et bustes antiques, en marbre et en bronze, des vases d'albâtre, etc.

L'ensemble de la fortune laissée par Poussin est évaluée par Félibien à la somme de cinquante mille livres.

Jean Dughet, on l'a vu, était le principal héritier du Poussin ; et c'est lui incontestablement qui a conservé les papiers, livres, dessins, etc. C'est lui qui adressa à de Chantelou le testament (2) de l'artiste, pour en assurer l'exécution en ce qui concernait les héritiers d'Andely. C'est lui encore qui envoya à

(1) Tome VI, 1858-1860. pp. 251-254. — Le document original se trouve dans la Collection Fontette, vol. LXIA, ff. 247-8.

(2) Texte en italien, avec traduction, aux lettres du Poussin et de Chantelou, qui ont été recueillies à la Bibliothèque nationale (FF. 12347-8).

Félibien un *Mémoire touchant quelques particularités de la vie et des ouvrages du Poussin*, son beau frère, mémoire dont le manuscrit semble perdu (1).

Jean était le frère cadet de Gaspard Dughet, dit le Guaspre, né à Rome en 1613, de parents français, mort dans cette ville en 1675, que Poussin appelait son « fou de beau frère », et qui, très dépensier, laissa une situation si obérée qu'il fallut vendre le peu de vaisselle qui lui restait pour subvenir aux frais de son enterrement.

Par ce détail on peut deviner le sort qui fut réservé aux collections du grand peintre.

Le testament du Poussin, oublié dans les papiers des Chantelou, resta longtemps égaré. M. de Grouchy, secrétaire d'ambassade à Londres, en envoya vers 1875, une copie à M. Charles de Beaurepaire, qui la déposa aux archives départementales de la Seine-Inférieure. C'est d'après cette copie, que la publication en fut faite pour la première fois dans le *Bulletin de la Société de l'Histoire de Normandie* (2).

On a recherché le motif qui porta Poussin à modifier à si peu de distance, et si sensiblement, ses dispositions testamentaires ; et on croit l'avoir trouvé

(1) Qui possède les papiers de Félibien ?

(2) Tome II, années 1875-1880, pages 148-155.

dans ce passage d'une lettre du grand peintre à de Chantelou, lettre datée du 28 mars 1665 :

« Le contentement que j'ai reçu de votre dernière lettre ne peut s'exprimer ; mais ce contentement a trop peu duré, ayant été détruit par l'impertinence d'un malheureux étourdi de neveu, l'un de ceux au sujet de qui je vous ai importuné, vous priant de les protéger après mon trépas ; ce que votre bonté m'a bien voulu accorder et promettre. Je vous supplie de rechef de vous en souvenir quand il en sera temps. Ce rustique personnage, ignorant et sans cervelle, est venu troubler le repos où je vivais, de sorte que je n'ai pu vous remercier plus tôt, me trouvant quasi hors de moi, par le déplaisir qu'il m'a causé. »

Poussin n'avait plus en 1665 que deux neveux, Jean Le Tellier, institué légataire universel, par le testament ci-dessus, Mathias, dont il n'y est point fait mention.

M. de Chennevières, insuffisamment renseigné sur la famille Le Tellier, a cru que Jean Le Tellier était l'auteur de l'équipée qui avait tant indisposé le Poussin ; c'est qu'il ignorait que ce jeune homme n'avait que seize ans en 1665 : ce n'est donc pas lui qui a pu aller à Rome. Mais Jean avait un frère aîné, Mathias, né en 1644, par conséquent âgé de vingt-un ans en 1665 ; c'est lui probablement qui est allé solliciter

Poussin à Rome, et ce qui semble l'établir, c'est que son oncle, indisposé de ses assiduités intéressées, le déshérita quand il dicta son testament au notaire romain le 21 septembre 1665.

Je crois qu'il ne peut pas y avoir de doute à cet égard, et que c'est à cette opinion qu'il faudra désormais s'arrêter.

Du Vermandois rien n'a été encore révélé, quant à l'usage fait par les *pauvres* et *ignorants* parents du Poussin, de la fortune qu'il leur avait laissé.

Il paraît difficile d'admettre cependant que les archives notariales du pays ne renferment aucun acte de partage à ce sujet.

Aussi, suis-je entraîné à désirer une sorte de centralisation de ces archives anciennes, bien que je reconnaisse qu'elles ont un caractère privé qui ne permet guère de les livrer entièrement aux indiscrétions du public.

Que sont devenus les papiers des Chantelou ?

La famille Cherabitto a-t-elle encore des représentants ?

Et le banquier Retrosi ? Quelle fut sa descendance ?

Voilà ce que, dans l'intérêt de la biographie du Poussin, il y aurait lieu, sans plus tarder, de rechercher.

Nous convions à ces dernières investigations nos savants confrères de Rome et de l'Italie.

X. — La Correspondance du Poussin.

Nicolas Poussin n'appartenait pas à une famille riche ; par conséquent les relations de jeune homme qu'il eut jusqu'à son départ d'Andely ont été peu nombreuses. Cependant, comme il y a fait ses premières études il dût, même éloigné de ce pays, garder souvenance de ses professeurs et de ses camarades ; il serait, dès lors, bien surprenant, qu'il les eut tous oubliés complètement à l'heure de ses succès.

Il a certainement correspondu avec quelques-uns d'entre eux ; on a dû lui demander des nouvelles de sa santé, de ses travaux, et il a répondu, empressé de faire savoir à ses compatriotes qu'il était enfin sorti de la misère.

Toute cette période de la vie du Poussin est pourtant celle sur laquelle on est le moins fixé. On n'a des lettres de lui, rendues publiques, qu'à partir de 1630 : il avait alors trente-six ans. On voit quelle lacune il reste à combler !

Préoccupé de cet état de choses, je me suis rendu

l'une de ces dernières années, aux Andelys, patrie du Poussin, pour rechercher dans les vieux registres de catholicité quelles étaient les familles avec lesquelles Nicolas Poussin put avoir des relations. C'est là, en partie, la base de ce travail.

On disait un jour en Sorbonne (1), que « c'est à de longs intervalles, » qu'on s'occupe « furtivement de Poussin, de Lesueur, de David, de Carpeaux, ou de Rude » ; si peu abondants que soient les documents que j'ai recueillis, leur valeur même prouvera au moins qu'autour de nous le grand peintre n'est point oublié.

Les lettres autographes du Poussin sont fort rares. La Bibliothèque nationale possède celles qu'il adressa à son dévoué correspondant de Chantelou pendant son long séjour à Rome ; et ces lettres ont été publiées plus ou moins fidèlement (2), en 1824, sous les auspices de l'Académie des Beaux-

(1) Réunion des Sociétés des Beaux-Arts, des départements. Mai 1888. Rapport général, par M. Henry Jouin.

(2) On a écrit que cette publication avait été faite « sur un manuscrit défectueux, et trop librement corrigé par l'éditeur. » En 1858, M. de Chennevières annonçait l'intention d'en publier une seconde édition, qui n'a pas été faite. Le 22 novembre 1893, M. Louis Passy, Député, m'écrivait : « Il y a une trentaine d'années, ennuyé de voir que M. de Chennevières ne republiait pas, sur le texte original, les lettres du Poussin, j'avais conçu le projet de faire cette édition nécessaire ; mais ce projet fut un rêve. Depuis longtemps, j'ai absolument renoncé à m'occuper de notre grand peintre. »

Arts, et aux frais du Gouvernement. Ces lettres sont en français. D'autres lettres du Poussin, celles-ci en italien, écrites par un secrétaire ou plus probablement par son beau-frère Dughet au chevalier Cassano del Pozzo ont vu également le jour. En outre, il en est passé en vente quelques-unes, moins importantes peut-être, mais qui mériteraient cependant de figurer dans une édition définitive de la Correspondance du Poussin.

Les frères de Chantelou appartenaient à une famille noble de Picardie, et étaient parents du secrétaire d'Etat de Noyers (1).

L'aîné était Jean Fréart, sieur de Chantelou, Conseiller du roi et Commissaire provincial en Champagne, Alsace et Lorraine.

Le second, Paul Fréart, sieur de Chantelou, d'abord secrétaire ou premier commis de De Noyers, pendant que celui-ci était Surintendant des bâtiments, devint conseiller et maître-d'hôtel ordinaire du roi. C'est lui qui fut envoyé à Rome, en 1640, avec son frère de Chambray, qui était dans les ordres, et qui resta, sans titre public, attaché à la personne du Ministre. C'est avec lui surtout que le Poussin correspondit si longtemps.

(1) François Sublet De Noyers, baron de Dangu, mort à Dangu le 20 octobre 1645, peu de temps après la mort du roi.

Voici, maintenant, les sommaires des lettres et papiers du Poussin qui ont passé en vente, à Paris, ces années-ci (2) :

L. A. S., en italien, au cavalier del Pozzo, à Rome. Paris, 1er janvier 1641, 2 pages in-fol., adressé, traces de cachet.

Il lui annonce son arrivée à Paris, en bonne santé, et lui fait part de la réception excellente que lui ont faite le roi, le cardinal de Richelieu, MM. de Nogent et de Chantelou. C'est M. le Grand, le favori (*Cinq Mars*), qui l'a conduit au roi, à Saint-Germain ; autres détails intéressants. (vendue : 205 fr.).

L. A. S., en italien (au même). Paris, 25 juillet 1641, 1. p. in-fol.

Relative à ses rapports avec M. de Chantelou et avec M. de Noyers.

P. S. sur vélin. Paris, 16 septembre 1641, 1 p. in-8 oblong. (*Collection Boilly et Fillon*).

Importante pièce dont voici le texte : En la présence des notaires du roy au Châtelet de Paris soubsignés, Nicolas Poussin, premier peintre ordinaire du roy, a confessé avoir reçu comptant de noble homme Charles Lebesgue (1), Conseiller du roy,

(1) Communications de M. Etienne Charavay et de Mme veuve Gabriel Charavay.

(2) *Levesque*, d'après le catalogue d'une vente. (Vendue 125 fr. Bovet, 1884).

trésorier général de ses bastimens, la somme de deux mil livres à luy ordonné pour un tableau de la Cène qu'il a fait par le commendement du Roy, pour la chapelle de Saint-Germain-en-Laye ; de laquelle somme de deux mil livres ledit sieur Poussin se contente et en quitte ledit sieur Lebesgue, trésorier susdit, et tous autres. NICOLAS POUSSIN.

L. A. S. au chevalier del Pozzo. Paris, 20 décembre 1641, 1/2 p. in-fol.

Belle lettre de félicitation à l'occasion des fêtes de Noël. (Vendue 50 fr.)

L. A. S., en italien, au cavalier del Pozzo, 4 avril 1642. 1 p. 3/4 in-fol, adresse, traces de cachet.

Superbe lettre où, après avoir parlé du tableau des *Noces de Pélée*, il exprime le désir de faire une madone à sa fantaisie, qui s'appellera la Madone du Poussin, comme on dit la *Madone de Raphaël* (Vendue 100 fr.).

Lettre autographe, signée, en italien, à l'abbé de Cavore, à Rome. Paris, 22 mai 1642. 2 pag. in-fol., trace de cachet.

Belle et précieuse lettre écrite pendant le court séjour de dix-huit mois qu'il fit à Paris, de 1641 à 1642. Il annonce l'envoi de deux tableaux qu'il vient de remettre à M. Carlo, maître de la maison du Cardinal Mazarin. Le premier de ces tableaux représente le *Baptême du Christ*, composé de treize figures principales ; l'autre représente la *Madone* tenant dans ses bras l'Enfant Jésus nu et Saint Joseph près d'une fenêtre. Il décrit minutieusement l'emballage de ces tableaux, derrière la toile desquels il a mis son cachet, et qui porte simplement pour adresse : *A M. le chevalier del Pozzo, à Rome.* La caisse sera envoyée à Arles où le Cardinal Mazarin la prendra avec ses autres bagages, en allant en Italie. « Dieu veuille, s'écrie-t-il, que ce soit bientôt et que tout se passe bien. » Il s'excuse auprès de l'abbé de ne pas lui envoyer ceux de ses dessins qu'il a retrouvés. Deux des principaux sont encore dans les mains de M. Mellan, mais il ne perdra rien pour attendre, car le nombre de ses dessins s'accroîtra, et son ami M. Stella (1), de présent à Lyon, se chargera de les lui faire porter par quelque courrier. Il lui promet aussi un de ses petits tableaux, qu'il espère pouvoir retrouver. (vendue 300 francs).

Lettre aut. sig. (en italien), à l'abbé Cavore. Paris, 25 juillet 1642. 1 belle page in-fol. —Avec notice mss. du baron de Trémont, et dessin original à la plume.

A propos de l'un des autographes ci-dessus M. Charavay a fait ces observations : « Les autographes de Poussin soulèvent un grave problème ; car ils offrent deux, nous dirions presque trois caractères d'écriture très différents :

(1) Jacques Stella.

1° Celui des lettres à M. de Chantelou, possédées par la Bibliothèque nationale ;

2° Celui des missives adressées au cavalier del Pozzo, pendant son séjour en France en 1641 et 1642 ;

3° Celui enfin de la lettre du 18 février 1664, reproduite dans l'*Isographie*.

« Les autographes composant le recueil de la Bibliothèque nationale ne présentent aucune incertitude, non plus que celui de la troisième catégorie. Restent donc les missives au cavalier del Pozzo qui inspirent des doutes non au point de vue de leur authenticité matérielle, mais sur la question de savoir si Poussin les a écrites lui même, ou s'il s'est servi, dans cette occasion, d'un copiste : tel a été d'abord l'avis de M. Fillon. Une objection s'est néanmoins présentée à son esprit : le changement très caractérisé qui s'est opéré après 1642, chez Poussin, dans le maniement de la plume pour ses dessins. Elégant et facile, avant cette époque, il acquiert ensuite une lourdeur singulière qui donne peut-être à ses compositions plus d'ampleur et de force, mais un aspect différent de celles de l'époque antérieure. Il est bon de dire aussi qu'au XVIe et au XVIIe siècles, il était passé à l'état d'habitude d'employer le caractère italien, lorsqu'on écrivait en cette langue ou en latin. Certains autographes de la collection servi-

9

raient à le démontrer, les deux corps d'écriture se trouvant réunis dans une même pièce.

« En résumé, quoi qu'il en soit des lettres au cavalier del Pozzo, elles n'en ont pas moins une importance et une valeur considérable, comme émanation directe d'un grand maître, d'autant plus qu'elles sont toutes très précieuses comme documents biographiques. »

A cela nous répondons que le simple examen comparatif des lettres à de Chantelou et au cavalier del Pozzo ne peuvent laisser aucun doute dans l'esprit d'un paléographe : les secondes sont incontestablement l'œuvre d'un secrétaire ou ami en qui Poussin avait la plus absolue confiance, puisqu'il l'avait même autorisé à les signer.

D'ailleurs, depuis l'époque ou ces lignes furent écrites, l'opinion s'est affirmée à cet égard, et on est unanime à reconnaître aussi bien à Paris qu'à Rome, que les lettres au cavalier del Pozzo ne sont pas de la main de Poussin.

Il nous l'apprend du reste lui-même, et cette indication peut servir à mettre en garde les collectionneurs.

D'après la préface de la *Correspondance*, Poussin « écrivait volontiers », et était « un homme de beaucoup d'ordre ».

Il doit donc exister encore de lui de nombreuses lettres en divers endroits, car ce que l'on a recueilli ne représente qu'une faible partie de sa correspondance.

Ainsi, on n'a aucune lettre de Poussin adressée à ses parents et amis d'Andely ; à son professeur Varin, qu'il ne dut pas tout à fait oublier, non plus ; à ses professeurs, protecteurs et amis de Paris ; au gentilhomme poitevin dont le nom reste ignoré, ainsi qu'à tous ceux qui, en France, en dehors des Chantelou, l'encouragèrent, le protégèrent, lui firent des commandes, tels le mathématicien Cambois, Philippe de Champaigne, les Jésuites, les Capucins, le cavalier Marin, etc.

Il en est de même pour Rome, ou Poussin habita si longtemps. Nous n'avons pas une seule lettre de lui au cardinal Massimi ; à François Lallemant qui vînt en France avec lui ; à Lebrun, qui, au faîte de la renommée, le qualifia plus tard du titre de « fameux M. Poussin » ; au surintendant Fouquet (1) auquel on sait cependant qu'il a écrit ; à Scarron, à ses beaux-frères et belles-sœurs Dughet, au sous-diacre Bonnemer, qui était l'un de ses « amis les plus chers », à tous ses amis enfin de la Ville-Eternelle, ou à ceux avec lesquels il entretint au dehors des relations suivies.

On aimerait aussi retrouver ses lettres avec les

(1) Ses relations avec Fouquet, pendant les années 1665 et 1666.

marchands de tableaux et graveurs qui vulgarisèrent ses œuvres, au moins auprès des gens en cour.

Encore une fois, il me paraît impossible que cette correspondance intime, adressée en divers lieux, soit perdue à jamais.

XI. — Les Familles d'Andely vers 1610.

Il y a quelques années, comme je viens de le dire, j'ai fait exprès le voyage des Andelys pour lire presque en leur entier les Actes de catholicité de cette ville, dans l'espoir d'y découvrir quelques particularités ignorées sur la jeunesse de Nicolas Poussin et sur sa famille.

C'est le résultat de cette exploration que je résume ici.

A la mairie, où je demandais communication de ces documents, l'on me répondit d'abord par une sorte de refus poli, ainsi formulé : « Tout a été vu à différentes reprises ; il n'y a plus rien à trouver... D'ailleurs les feuillets des registres sont pourris... »

« C'est une raison de plus, répondis-je, pour les lire encore une fois ».

Et comme on m'objecta que ce serait long et difficile, je répliquai encore :

« Ne vous préoccupez point de celà ; je suis patient et j'ai le temps. »

J'étais bien résolu, en effet, à ne pas quitter la ville, avant d'avoir accompli la besogne projetée.

On m'ouvrit alors la première des boîtes en bois dans lesquelles on a placé les vieux registres de catholicité du Grand Andely, territoire sur lequel est né Nicolas Poussin, et auquel est venu plus tard s'annexer le Petit Andely.

Au temps de Nicolas Poussin, c'est-à-dire vers 1610, époque où il se rencontra avec Quentin Varin, la population d'Andely pouvait s'élever à environ 2,000 âmes; c'est donc dans cette population, de moyenne importance, qu'il faut chercher les parents et les amis du peintre.

De ses camarades d'enfance on ne sait absolument rien. Il dût en avoir pourtant, et il dût, comme les enfants de son âge, fréquenter une écolâtrie ou une petite école laïque, car ce n'est qu'en 1684 (1) que ce pays fut doté d'un collège.

Fréquenta-t-il les édiles de la cité, la jolie maison du XVe siècle qui est devenue l'*Hôtel du Grand-Cerf*, le manoir Lampérière, ou résida et ou mourut Thomas Corneille (2) frère du grand poète, la famille

(1) Par contrat passé le 5 août 1684, Gabriel le Prevost, docteur en médecine et lieutenant d'élection et Roland du Val, sieur de Viennois, avocat, fondirent le collège d'Andely.

(2) Né à Rouen en 1625, mort en 1702. Une lettre de lui à l'abbé de Bellegarde, datée des Andelys, le 13 septembre 1702, est passée en vente à Paris ces années-ci.— L'hôtel de ville actuel des Andelys a été bâti sur l'emplacement du manoir Corneille. Ce manoir appartenait au XVIIe siècle à Mathieu Lampérière, lieutenant au Présidial d'Andely, et beau-père des deux Corneille; il échut en

Turnèbe (1) qui produisit également une illustration ?

Il est impossible de se prononcer à cet égard. C'est parmi les maisons de moindre importance, qu'il faut sans doute chercher les relations que dut avoir dans sa jeunesse peu fortunée, celui qui devait, comme Corneille et Turnèbe, illustrer son nom. Or, ces maisons les voici, au moins en partie, pour une période qui va de 1570 à 1615 environ.

J'ai classé ces noms, par ordre alphabétique, afin de rendre les recherches plus faciles à ceux de nos confrères qui voudraient tenter auprès de celles de ces familles qui subsistent encore, une démarche, peut-être fructueuse, en vue de retrouver une lettre, un papier, un dessin, un tableau, du grand peintre des Andelys.

Aliame, Aufray.

---

héritage à Marguerite Lampérière, femme de Thomas Corneille, qui étant devenu veuf, l'habita, et y mourut, âgé de 84 ans, le 8 mai 1709. Il fut inhumé dans l'église Notre Dame. La veuve du grand Corneille est morte également à Andely, le 25 février 1694, âgée de 76 ans. Le manoir Corneille a cessé d'appartenir à cette famille en 1744, et fût acheté par la ville en 1858.

(1) En 1598, Georges *Tournebus* était lieutenant particulier du lieu d'Andely. — En 1599, Jehan Drieux, était prevôt du lieu. — En 1613, Georges de Montagne était Conseiller du roi au siège présidial d'Andely. — En 1619, Mathieu de Lampérière lieutenant particulier au siège présidial d'Andely, épousa demoiselle Françoise *Tournebus*.

Baillache (1), Bandeville, Barbe, Bardel, Baron, Basan, Baudouin, Becquet, Benoist, Berthoult, Bertrand (2), Bihourt, Blampain, Boudeville, Bouloche, (vicomte du lieu d'Andely, en 1610), Boucquet, Bourdon, Brimet, Brocet (du), Brunet, Buret.

Campoyer (de), Canoullin, Cantin, Caron (famille très ancienne du pays), Cartier, Caumont, Cavelier, Cellier, Cendre, Charpentier, Chasterain, Cheramy, Cléry, Colombel, Coutant, Coudray, Cousin.

Dagorne (3), Daly, Danicourt, David, Dehé, De la Mare, de la Vache ou La Vaque (Nicolas La Vacque procureur du roi en 1575), Delaisement, Demy, de la Porte, de Lisle, Deroncherolles, Depistre, (prêtre qui baptisa beaucoup au temps de la jeunesse du Poussin), de Sault, Desmoulins, Dieupart (ancienne famille, bien apparentée), Dodeline (alliée aux Le Tellier), Drieux, Droy, Du Bisson, Du Boc, Dujardin, Du Mesnil, Dumolitier, Du Parc, Du Pont, Duval (famille nombreuse et ancienne).

---

(1) L'orthographe des noms diffère d'année en année. Ainsi, je trouve Baudoin et Baudouin, Basant et Bazan, Benoist et Begnoist, Daly et Dailly, Desmoulins et Démoulains, Dodeline et Dodelaine, Igoult et Ingoult, Labarre et de La Barre, Le Maréchal et Le Mareschal, Lemercier et Le Mercier, Lemoine et Le Moigne, Mantale, Mantalle et Mantaille, Mason, Masson et Le Mason, Oudard et Oudart, Poitevin et Pouotovin, Potel et Postel, Varin et Varain.

(2) En 1584 Me Françoys Bertrand est dit « Organiste dudit lieu Dandely. ».

(3) En 1629, le prénom de *Quentin* était porté par un Dagorne.

Farin, Flamen, Foubert, Fouet, Fouquerolles (de), Foy.

Gallot, Gasequin (1), Gaudin, Gaultier, Gazin, Gentil, Godart, Grincourt, Gringore, Guerin.

Hachette, Hamelin, Heaulmier, Hebert, Hersent.

Igoult, Jourdain.

Labarre, Lamperière, Lapostre, Larchevêque, Lebas, Le Brec, Le Brun, Le Cointe, Le Cordier, Le Coq, Lefebvre, Le Gendre, Le Gras, Le Lorrain, Le Marinier, Le Clerc, Legrand, Le Maistre, Le Maréchal, Le Mercier, Lemoine, Langlois, (famille alliée aux Le Tellier), Le Pelletier, Le Prevost, Le Riche, Le Roux, Le Roy, Le Tailleur, Le Tellier, Le Sauvage, Le Vacher, Lorain, Louche.

Malide, Mallet (vicaire d'Andely, qui fut en 1606 parrain dans la famille de Laisement), Mandeville, Maufillastre, Mantaille, Marion, Masson, Mauger, Michel, Millon, Montagu (de), Montier, Morin, Moulin, Moutardier, Muson.

Naudin, Noblet.

Oudard, Oursel.

Pagant, Paumier, Pelletier, Pepin, Péronne, Picart, Pigache (prêtre, qui en 1609 fut parrain dans la famille de Laisement), Poitevin, Pongnaut, Potel, Pons, Prevost (qui était prêtre clerc à l'église Notre-Dame dès 1605), Prier.

---

(1) Ce nom s'écrit aujourd'hui habituellement Gasquin.

Racine, Ridel, Roncherel, Rouen, Rousel, Ruelle.

Sarazin, Sauvage, Sauvalle (famille alliée aux Le Tellier), Sofrie.

Tiberge (1), Tournebus, Touroude, Troy.

Vaguet, Vahé, Varin, Vérard (2), Verdier, Verray (3).

Ce n'est là, comme je l'ai dit, qu'une partie des noms qui se rencontrent au vieil état-civil du Grand-Andely ; mais ce sont les plus fréquemment cités.

M. Letailleur (4), qui fut pendant 43 ans, Secrétaire de la Mairie des Andelys, m'écrivait un jour : « Des actes de naissances, mariages, décès, concernant les parents maternels du Poussin, aux noms de Delaisement, Letellier, Lecuyer et Farain figurent relativement en grand nombre sur nos registres anciens de l'état-civil. »

J'ai pu, en effet, en relever un certain nombre.

---

(1) Comme nom et prénom.

(2) Serait-ce la famille des célèbres imprimeurs parisiens ?

(3) Nom rare dans le pays.

(4) Ce respectable fonctionnaire est mort aux Andelys le 29 janvier 1900.

20 mai 1607. Naissance d'une fille à « Maistre André Le Tailleur, appothicaire. »

§ I. — FAMILLE DELAISEMENT.

17 mars 1605. Collette, fille de Hibère Cendre ; Catherine (1), sa femme. Parrain et marraine, Jehan Mason, Marguerite de Laisement et Charlotte Moulin.

18 mars 1605. Jacqueline, fille de Henry Péronne et Isabeau, sa femme. Jacques de Laisement, Josèphe Péronne et Barbe Bousquet.

24 mars 1605. Isabeau, fille de Martin de Laisement et Geneviève, sa femme. Adrien le Vacher, Isabeau Mantaille et Marguerite Boudeville.

5 avril 1605. Marguerite, fille de Jehan de Laisement, Perrette Demy, sa femme. Parrain et marraine, Jehan Demy, Perrette Poitevin et Marguerite Dumontier.

21 avril 1605. Romain, fils de Guillaume Le Brun et Catherine sa femme. P. et M. Romain Hersent, Pierre de Laisement et Marion Moulin.

---

(1) Simples mentions inscrites par le prêtre qui faisait la cérémonie du baptême. Ce mot baptême est employé pour la première fois en décembre 1612. Les premières signatures apparaissent en 1663. Vers cette époque beaucoup de noms nouveaux figurent aux registres de catholicité. Le prénom *Clotilde* est plus souvent employé à partir de 1774.

Voir : *Les Picards* à la Chapelle Sainte Clotilde *des Andelys, par V. Advielle* (*Cabinet historique de l'Artois et de la Picardie*, 1899, p. 404.)

Beaucoup de familles du même nom (*Delaisement*, *Varin*, etc.), se retrouvent dans les actes du *Petit-Andely*.

20 juillet 1605. Jehan, fils de Michel de Laisement et Perrette, sa femme. P. et M. Michel de Laisement, Jehan de Laisement et Loyse Grincourt.

22 mai 1606. Georges, fils de Jacques de Laisement et Jeanne, sa femme. P. et M. Vénérable et discrète personne Me Thomas Mallet, vicaire de l'église de Andely, et...

4 avril 1607. Jeanne, fille de Hector de Laisement, et Marguerite sa femme. P. et M. Georges de Laisement et Jeanne Contant.

20 septembre 1608. Rolland, fils de Charles de Laisement et Catherine sa femme. P. et M. Rolland de Laisement et Marie Foubert.

18 décembre 1608. Pierre, fils de Jehan de Laisement et de Perrette Beny. P. et M. Pierre Boudeville et Marguerite Lecnier.

5 janvier 1609. Nicolle, fille de Georges Dodeline et de Marguerite Delaisement. P. et M. Pierre du Buisson, écuyer, et demoiselle Nicole de la Pardière.

20 janvier 1609. Romain, fils de Michel de Laisement, et de Perrette, sa femme. P. et M. Romain de Plat et Anne Dollebec.

21 octobre 1609. François, fils de Jacques de Laisement et Jeanne Pigache, sa femme. P. et M. discrète personne Me François Pigache, prêtre et Marion Acard.

13 février 1610. Isabeau, fille de Jehan de Laisement et de Perrette, sa femme. P. et M. Nicollas Pousin et Isabeau le Febvre.

9 juin 1610. Anne, fille de Thomas Le Brun et Marguerite Prier, sa femme. P. et M. Pierre de Laisement et Rachel Prier.

1er juillet 1610. *Nouelle* (Noëlle), fille de Pierre Cendre et de Jehanne, sa femme. P. et M. Jehan Cendre et Noëlle de Laisement.

4 août 1610. Etienne, fils de Michel de Laisement et Perrette, sa femme. P. et M. Etienne Le Mercier et Marie Hersent.

4 avril 1611. Simon, fils de Martin Moutardier, et Isabeau, sa femme. P. et M. Marie Caron et Marie de Laisement.

13 avril 1611. François, fille de Charles de Laisement, et Catherine. sa femme. P. et M. Jacques Cendre et Catherine Louche.

20 octobre 1611. Françoise, fille de Michel de Laisement, et Charlotte, sa femme. P. et M. Guillaume Sauvage et Françoise Dodeline.

17 janvier 1612. Catherine, fille de Jacques de Laisement et Jehanne, sa femme. P. et M. Guillaume Mitton et Catherine Dieupart, femme de Loys Fouet.

11 juillet 1612. Robert, fils de Pierre de Laisement et Cécile Cartier, sa femme. P. et M. Robert Dally et Catherine Caron.

15 juillet 1612. Catherine, fille de Pierre Cendre, et Jeanne, sa femme. P. et M. Michel de Laisement, Catherine Tiberge.

30 septembre 1612. Une fille (non dénommée) de Romain de Laisement et Jeanne, sa femme. P. et M. Marin de Laisement et Marin du Jardin.

9 mai 1613. Marie, fille de Charles de Laisement et de Catherine, sa femme. P. et M. Michel de Laisement et Catherine de Laisement.

8 octobre 1613. Loys, fils de Jacques de Laisement, et de Jeanne Pigache (1), sa femme. P. et M. Marin Fouet et Catherine Sauvage.

19 décembre 1613. Jehan, fils de défunt Hilaire Centre et de Catherine Canoullin, sa femme. P. et M. Jehan Moulin, et Catherine de Laisement.

16 mars 1615. Anne, fille de Claude Bardel et de Madeleine de Laisement, sa femme. P. et M. Michel de Laisement et Claude Sellier.

23 novembre 1622. Anne, fille de Pierre de Laisement et de Marguerite sa femme. P. et M. Marin de Laisement et Martine Varin.

---

(1) C'est la première fois, depuis 1573, que le nom de *famille* de la mère figure dans les actes de la paroisse.

Nous ne donnons ici qu'une toute petite partie des actes relatifs au nom de Delaisement (*de Laisement*, en beaucoup d'actes) ; ils sont fort nombreux aux années suivantes.

§ II. — FAMILLE LE TELLIER.

4 janvier 1605. Nicolas, fils de Laurent Le Tellier et Anne Caron, sa femme. P. et M. Honnête personne Nicolas Hurence, sergent, Nicolas Becquet et Marguerite Bazan.

1er octobre 1606. Jehan, fils de Jacques Le Gendre et Isabeau Le Tellier, sa femme. P. et M. Me Jacques Drieux, avocat, Robert Vaguet, et Marguerite Hearlmier.

2 juillet 1609. Catherine, fille de Jehan Le Tellier et Françoise, sa femme. P. et M. Nicolas Le Tellier et Catherine Caron.

30 avril 1610. Thomas, fils de Nicolas Le Tellier, et Henriette, sa femme. P. et M. Vénérable et discrète personne Me Alexis de Cartier, chanoine de l'église collégiale Nostre Dame Dandely, et Anne du Tac.

16 novembre 1612. Antoine, fils de Nicolas Le Tellier, et Isabeau, sa femme. P. et M. Vincent Hébert et Anne Le Tellier.

22 mai 1613. Marie, fille de Nicolas Le Tellier et de Fleurie, sa femme. P. et M. Jacques Le Tellier et Marie Barbe.

30 juin 1613. Jehan, fils de Jacques Le Tellier et de Catherine, sa femme P. et M. Jehan Le Tellier et Geneviève Guérin.

1er juillet 1613. Madeleine, fille de Laurent Le Tellier, et de Isabeau, sa femme. P. et M. Jacques Le Tellier et Jeanne Denys.

20 janvier 1614. Thomas, fils de Pierre Buret, et Madeleine Becquet, sa femme. P. et M. Hector Le Tellier et Madeleine Becquet.

16 mars 1615. Anne, fille de Pierre Mantaille, et d'Alise, sa femme. P. et M. Henry Le Tellier, prêtre, et Barbe Farain.

....janvier 1616. Nicolas Guérin... P. Richard Le Tellier (*Feuillet de garde*).

—Du St jour de Pentecoste (1638) envoié ma sœur Anne, pour Magdeleine, par Jean Le Tellier, mon nepveu, LX s. — Envoié à mon beau frère Paien, XXV s. (*Notre-Dame.*)

§ III. — FAMILLE VARIN.

3 février 1599. Isabeau, fille de Jehan Varin, et Anne sa femme. P. et M. Richard le Tellier et Madeleine Drieux, femme Caron.

8 juillet 1601. Geneviève, fille de Martin Hamel et Catherine, sa femme. P. et M. Geneviève Varin, Catherine Denderel et Henry Varin.

2 mars 1606. Pierre, fils de Pierre Brimet, et Denise, sa femme. P. et M. Pierre Benoist, Thomas Guérin et Madeleine Varin.

5 avril 1607. Madeleine, fille de Jehan Varin, et

d'Anne, sa femme. P. et M. Jehan Bellenguet et Madeleine Caron.

18 mars 1609. Loys, fils de Jehan Varin, et Anne Cousin, sa femme. P. et M. Adrien Varin et Loyse Martin.

6 août 1609. Nicollas, fils de Pierre Varin et de Michelle Guérin. P. et M. Nicollas Pouchin et Charlotte du jardin de par depistre (?). (*Depistre, prêtre*).

26 août 1610. Adrien, fils de Nicolas Tellier et Isabeau, sa femme. P. et M. Adrien Varin et Nicolle Boudeville.

7 mars 1618. Anne, fille de Jehan Varin et d'Anne Hebert, sa femme. P. et M. Jehan Hebert et Catherine Varin.

17 mai 1619. Adrien, fils de Adrien Arene, et Charlotte, sa femme. P. et M. Adrian Varin et Catherine Le Gras.

23 novembre 1622. — Voir à de Laisement.

8 septembre 1631. Jehan, fils de Pierre Le Soude (?) et de Catherine Varain. P. et M. Louis Girard et Martinne Guillot, veuve de Jehan Varain. — Cette Martine Varin, paraît encore en juillet 1634, dans un autre acte, comme marraine.

— Du Mardi XXII de Décembre 1637, le racquit de un liv. de rente deubz au chapitre (de Notre-Dame), par Adrian Varin, a été faict par le Sr Ridel, chanoine, avec XV s. de prorata, et argent mis en caisse.

J'ai encore trouvé dans un registre de catholicité de la paroisse Notre-Dame d'Andely cette intéressante mention :

« Le mardy, XIIII de mars, 1634, six heures du matin, est décédé Me Louis Prevost, prebtre, l'un des Curés en l'église Dandely, aagé de LXIX ans ou environ, après avoir esté XLVIII ans Curé audit lieu, et fut inhumé le XV au chœur de la ditte Eglise, au costé droit. »

C'est peut-être sous le ministère de l'abbé Prevost que Nicolas Poussin fut baptisé.

Ces familles, on l'a vu, étaient alliées entre elles, ou au moins en grande relation d'amitié.

Elles ne sont point toutes éteintes ; quelques unes, au moins, subsistent dans leurs collatéraux. Aux uns et aux autres, je demande de vouloir bien s'assurer s'il y a trace dans leurs papiers des noms de Poussin et Varin.

Il serait intéressant de retrouver des mémoires de travaux faits par ces artistes, ou simplement des correspondances mentionnant leurs noms.

Cette recherche de documents amènera peut être la découverte d'œuvres ignorées de Poussin et de Varin.

Quelques lignes du *Guide aux Andelys*, de l'abbé Porée, aidera à cette recherche ; nous lui empruntons ce qui suit :

« Au dix-huitième siècle, Andely comptait 600 feux, soit 3000 âmes...

« En 1710, Louis XIV mit les seigneuries d'Andely, de Gisors et de Vernon sous le titre de Vicomtés, avec le duché d'Alençon, pour former l'apanage de Charles de France, duc de Berry et d'Alençon.

Le 2 octobre 1718, il y eut échange de la part des Commissaires députés par le roi, des dites Vicomtés, avec le marquisat de Bizy, en faveur de Charles-Louis-Auguste Fouquet, comte de Belle-Isle, et contre-échange de la part de ce dernier, du marquisat de Belle-Isle en faveur du roi.

« En 1762, Louis-Charles de Bourbon, comte d'Eu, abandonna à Louis XV la principauté de Dombes, en échange de plusieurs domaines, parmi lesquels figurait le duché de Gisors, érigé en 1742, et ses dépendances.

« Par édit de juin 1772, Louis XV supprimait le Présidial d'Andely et laissait au comte d'Eu, devenu duc de Gisors, le soin d'organiser judiciairement le duché à sa convenance, sauf l'appel à la Cour et la réserve des causes dont la connaissance appartenait aux sièges Présidiaux de Rouen et d'Evreux.

« Le 18 juillet 1775, le comte d'Eu mourait sans

postérité ; Louis-Jean-Marie de Bourbon, duc de Penthièvre, grand amiral de France, son cousin germain, lui succéda dans la propriété des domaines de Gisors, d'Andely, de Lyons et de Vernon. Il a été le dernier duc de Gisors, et par la même le dernier seigneur d'Andely. Il y mourut dans son château de Bizy, près de Vernon, le 4 mars 1793, et fut inhumé à Dreux. »

On voit autour de quels noms il faut maintenant chercher.

XII. — L'Œuvre du Poussin et la Bacchanale des Andelys.

On lit ce qui suit dans les *Mémoires et Lettres de M. le Marquis d'Argens* (1), édition de 1748 :

« Pour produire des chefs d'œuvre dans les Arts et dans les Sciences, ce n'est point assez que l'exemple des grands hommes, le loisir de travailler, l'application assidue. Il faut encore un génie supérieur. Il faut que le Ciel en nous créant ait mis en nous une disposition naturelle pour aller à la perfection que ne donne point l'étude la plus pénible et la plus longue.

« Si vous examinez les Arts en France, vous connoîtrez aisément la vérité de ce que je vous dis. François Premier les amena d'Italie dans son Roïaume. Ils y parurent comme une fleur brillante, qu'un même jour voit éclore et flétrir. Les guerres civiles qui survinrent pendant cinq ou six Règnes les firent gémir dans l'obscurité. Ils commençèrent à

(1) Né en 1704 à Aix-en-Provence, mort près de Toulon en 1771.

reparoître sous Henry IV. Le Cardinal de Richelieu, le restaurateur, le père, le protecteur des Sciences et des Arts, prépara par les bienfaits dont il encouragea les hommes médiocres qui vivoient de son tems, cette foule de Peintres illustres, de Sculpteurs et d'Architectes habiles, qui vécurent sous le règne de Louis XIV. Ce fut alors qu'on vit LE POUSSIN, le Sueur, Jouvenet, le Brûn, Girardon, le Gros, Puget, Rivaux, des Caraches, des Guides et des Bernins, moins louez qu'eux, peut-être aussi louables. Voilà le tems où les Beaux-Arts ont été chez nous dans leur plus haut degré. On peut marquer leur naissance sous Henri IV, et leur enfance sous le Cardinal de Richelieu. Si on avait pû les perpétuer dans leur degré de perfection, Louis XIV l'auroit fait, par l'aisance, le soulagement, les commoditez qu'il leur avait procurées dans son Roïaume. Cependant les Académies de Peinture et de Sculpture, enrichies des plus belles figures moulées sur les antiques et ornées des tableaux des plus célèbres Peintres ; les jeunes gens en qui on reconnoît de la disposition, entretenus à Rome aux dépens du Roï ; les pensions accordées à ceux qui se distinguaient, par leur savoir ; tout cela n'a pu empêcher que les Arts n'aient infiniment tombé en France depuis vingt ans. Ceux qui passent pour y exceller aujourd'hui sont au dessous de leurs Maîtres et bien inférieurs au POUSSIN et à *Jouvenet*.

« En France, Rigaud est estimé de quelques connoisseurs. Cinq ou six Seigneurs de la Cour et quelques gens de condition auront pour lui des égards. Le reste du Roïaume ne distingue pas un Peintre d'un Cordonnier, ni un Sculpteur d'un Savetier. Un Provincial, dont le nom se terminera en *ac*, et dont tout le mérite est de chasser, de jurer Dieu et de battre des Païsans, se croiroit déshonoré s'il savoit toucher une palette ou un pinceau. En Italie, au contraire, il est peu de gens qui ne sachent dessiner assez pour pouvoir se connoître en Tableaux. On ne rougit point dans ce païs de savoir s'occuper agréablement... »

Voltaire avait dit avant lui :

« La peinture commence sous Louis XIII avec le Poussin ; il ne faut point compter les premiers peintres médiocres qui l'ont précédé... On l'appelle le peintre des gens d'esprit ; on pouvait aussi l'appeler celui des gens de goût. Il n'a d'autre défaut que celui d'avoir outré le sombre du coloris de l'école romaine. »

Mais ce n'est pas ici le lieu de disserter sur le talent de l'artiste.

L'Œuvre du Poussin échappe à mes investigations. Il y aurait cependant quelques recherches à faire aussi à cet égard. Toutefois, je ne saurais passer sous silence une lettre (1) que Madame Du Barry écrivit un jour à l'abbé Delille, et dont voici un passage :

« Vous connoissés parfaitement, spirituel abbé, les tableaux de l'Albane, puisque vous employé ses couleurs dans vos charmants ouvrages. Mais M. le duc prétend que votre riante imagination a appliqué le nom du Poussin sur le tableau que vous étiés tout fier d'avoir eu à si bon marché... comme on auroit inscrit le nom de Lile sur les jardins de Le Nôtre pour en doubler le prix. J'aime infiniment cette douce charlatanerie qui entoure l'homme de prestige aimable... »

On cite (2) parmi les plus belles pièces du Musée du Conservatoire de musique de Paris, une « ravissante épinette, dite Virginale, ornée de peintures de Nicolas Poussin. »

Enfin, à la célèbre vente Secrétan (1er juillet 1882), un dessin à la mine de plomb d'Ingres, représentant *Le Poussin*, fut adjugé au prix de 950 francs.

Pour terminer, il me reste à parler d'une *Bacchanale* qui existe aux Andelys dans la maison dite du

---

(1) Lettre autographe, datée de *Paris, 26 janvier.* — Vente Monselet, 1888.

(2) *Journal Officiel* du 29 mars 1873 ; article signé : B. G. D.

Doyen et qui a été attribuée, mais sans preuve, à la jeunesse du Poussin.

Ici, encore, l'opinion est bien hésitante.

En 1854, M. Poncet prétendait que *tout porte à croire* que cette fresque est *émanée du pinceau du Poussin, quand il vint dans sa ville natale,* en 1641-1642, après son premier voyage d'Italie.

Mais un autre érudit, Raymond Bordeaux (1) ne voulait voir dans ce *décor*, que l'œuvre *d'un contemporain du Poussin*.

M. Gandar a consacré tout un article (2) à cette peinture, et en a donné la gravure.

Evidemment le sujet est romain ; et c'est aux campagnes de l'Italie qu'il a été emprunté.

Je ne connais la peinture que par la reproduction qui en a été faite ; il m'est donc impossible de formuler une opinion à son sujet. Mais au cours de mes recherches (3), j'ai découvert dans les registres de catholicité du *petit Andély*, un acte qui peut aider

(1) Je salue au passage ce nom vénéré. C'est celui d'un avocat d'Evreux, fort estimable, que j'ai rencontré pour la première fois au *Congrès international d'histoire et d'archéologie d'Anvers*, de 1867, et qui, comme M. Antonin Macé, professeur d'histoire à la Faculté des lettres de Grenoble, m'honora de ses encouragements répétés. Ils ont été les meilleurs guides de mes débuts.

(2) Gazette des Beaux-Arts, Janvier 1860. — Article depuis reproduit dans ses œuvres.

(3) L'un des plus anciens Vicaires perpétuels, ou Curés semainiers d'Andely, fut *Gautier le Peintre* (Pouillé manuscrit de l'Archevêché de Rouen, XIIIe ou XIVe siècle, cité par de Ruville, 1. 375.)

à approfondir le mystère qui enveloppe encore cette fresque ; en voici le texte :

« Le 28me de feubvrier (1657), a esté baptisé une fille à Thomas Lieugard, peintre, et Geneviève David, ses père et mère, nommée Anne, par Me Philippe Viel, Con[eur] (*contrôleur*) au grenier a sel (*Dandely*) et Marie David, f[e] (*femme*) de Nicolle du Val, ses parain et maraine. »

On n'a jamais entendu parler aux Andelys de ce peintre Lieugard qui ne figure dans aucune biographie. Il paraît être étranger au pays, car son nom n'y aurait été porté par aucune famille.

Ne serait-ce pas lui, qui, sur le simple vu d'une esquisse, d'un dessin du Poussin, aurait peint ce que Raymond Bordeaux, si bon juge en ces matières, appelait un décor ?

Je mets ce nom en avant avec une extrême prudence ; il mérite cependant de fixer l'attention des curieux, car la révélation de ce nom peut devenir la base de nouvelles investigations dont Poussin serait l'objet.

Me voici arrivé au terme des recherches que j'avais entreprises ; elles seront, j'en ai l'espoir, de quelque utilité pour la science ; je puis dire, en tout cas, avec le grand peintre d'Andely : *Je n'ay rien négligé !*

XIII. — Le Testament du Poussin.

Voici le Testament du Poussin, traduit à notre intention par M. le baron Albert Lumbroso, de Rome :

Le 21 septembre 1665.

Le très illustre Mr Nicolas Poussin, fils de feu Jean, du bourg des Andelys (diocèse de Rouen), bien connu de moi Notaire, sain, par la grâce de Dieu, d'esprit et d'autres sens, bien que malade de corps et alité, voulant pourvoir à ses intérêts, afin d'éviter toute contestation après sa mort entre ses descendants et successeurs pour les biens qui lui ont été concédés par sa *D.(éfunte) M.(ère)*, a résolu spontanément, de la meilleure manière qui se puisse et doive, de faire ledit présent sien testament nuncupatif oralement.

Et premièrement il déclare qu'ayant fait un autre testament par un mien acte, sous la date du 21 novembre 1664, il révoque et annule par le présent tout autre testament, codicille ou autre disposition révocable, quelle qu'elle soit, qu'il pourrait avoir fait en quelque mode, temps et lieu que ce soit, par acte de quelque Notaire que ce soit, en faveur de quelque personne que ce soit, avec toutes les clauses dérogatoires qui s'y trouvent et desquelles, s'il s'en souvenait, il ferait mention spéciale, parce qu'il veut qu'il ne soit tenu compte que du seul présent testament, de la meilleure manière qui soit.

Commençant donc par l'âme comme plus noble et plus digne que le corps, il la recommande (1) au Dieu tout puissant, à la très glorieuse mère Marie, toujours Vierge, aux glorieux SS. Pierre et Paul, au Saint Ange Gardien, et à toute la cour du ciel, les priant en toute affection de cœur et profonde humilité, de vouloir bien intercéder auprès de la divine miséricorde de Dieu béni pour le salut de son âme.

Il veut et dispose qu'après son décès son corps soit revêtu d'un de ses habits, et ainsi vêtu, sans aucune pompe, soit porté à l'église paroissiale, et là exposé avec quatre torches allumées, et qu'il lui soit ensuite donné la sépulture dans ladite église paroissiale. Il laisse à cette église tout ce qui lui sera dû raisonnablement et rien autre.

Dans l'intérêt de son âme il ordonne que son corps étant exposé comme il est dit ci-dessus, on fasse célébrer une messe chantée dans la même église

---

(1) Il faut évidemment lire ici *recommanda*, tout le testament étant rédigé à la troisième personne.

paroissiale, et pendant la célébration allumer quatre cierges à l'autel, et en cas d'empêchement le jour où son corps sera exposé comme il est dit ci-dessus, on devra faire célébrer ladite messe chantée le second jour qui suivra l'empêchement.

A titre de legs ou de toute autre manière qui sera meilleure, il laisse à M. Louis Dughet (1), son beau-frère, pour une fois, huit cents écus romains, de dix pauls à l'écu, payables par son héritier ci-dessous désigné immédiatement après son décès.

Item, il lègue à Mme Jeanne Dughet, femme de Bastien Cherabitto, son beau-frère, mille écus romains payables comme dessus.

En outre, il lègue à Barbe Cherabitto, fille du dit Sébastien et nièce de feue Anne-Marie Dughet, sa femme, dix lots du mont Ristoro, 3e bâtiment, déclarant vouloir qu'elle Barbe soit vraiment propriétaire de ces dix lots de mont dans le meilleur mode qu'ils sont et seront au moment de la mort de lui testateur, lui donnant la faculté de prendre possession et d'obtenir le transfert de la patente en sa faveur, de sa propre autorité, sans l'assentiment et la participation de son héritier ci-après désigné, et décret ou mandat d'aucun juge officier, ou délégué, mais au contraire, à bonne fin et effet il établit qu'il les tient

(1) Le notaire a écrit *Douqués* ici et chaque fois que le même nom se représente.

et possède dès à présent, avant sa mort, au nom et pour elle Barbe, à laquelle en outre il lègue tous les meubles et ustensiles que lui testateur laissera au moment de sa mort dans la maison où elle aura lieu, y compris tout l'argent qui se trouvera comptant, mais seulement jusqu'à la somme de vingt écus romains en ce qui concerne l'argent comptant.

Item, il lègue à Catherine Cherabitti (Cherabitto), fille dudit Sébastien et nièce, comme dessus, de la dite feue Anne-Marie, mille écus romains de dix pauls à l'écu, pour une seule fois, payables par son héritier ci-après désigné librement après sa mort.

Item, il lègue à Léonard Cherabitti (Cherabitto), fils dudit Sébastien, six cents écus romains, pour une seule fois, payables comme dessus par son héritier ci-après désigné.

Item, à François Cherabitto, il lègue deux cents écus de la même monnaie, pour une seule fois, payables par l'héritier en question.

Item, il lègue à Mr Jean Dughet, mille trois cents écus romains, pour une seule fois, payables après sa mort par son héritier ci-après désigné, et en outre il remet et donne au même Mr Jean tout ce que lui testateur peut et pourrait prétendre de lui, ordonnant qu'il ne soit pas inquiété pour ce motif.

Item, il lègue à Mr Giovanni Retrosi, banquier et expéditionnaire en cette cour, cinquante doubles d'Espagne, une fois donnés, payables après sa mort par son héritier ci-après désigné.

Item, il lègue à dame Françoise Le Tellier, veuve d'Antoine Postel (1), mille écus de France, une fois donnés, payables en France, dans sa patrie, par son héritier ci-après désigné, si la dite Françoise est vivante au moment de sa mort ; et si elle meurt avant lui testateur ou est morte à présent, il dispose que les dits mille écus de France seront payés comme dessus aux enfants de ladite Françoise, en les divisant entre eux par parts égales ; et il ordonne que le paiement en question fait comme dessus, ou à ladite Françoise, ou à ses enfants, son dit légataire universel doive dans le délai d'un an à partir du jour de son décès, en adresser l'instrument public à ses exécuteurs testamentaires ci-après désignés, sans exception aucune.

Quant à tous ses biens, en général et en particuliers, tant meubles qu'immeubles, comptes, crédits, deniers, lots de montagne, bâtiments, soustraction faite seulement des legs susdits, appartenants et revenants à lui testateur en quelque façon que ce soit, situés et existants en quelque lieu que ce soit, il fait, mande et veut qu'ils soient à Mr Jean Le Tellier, fils de Mr Nicolas Le Tellier et de dame Marie Ho-

(1) Le notaire a écrit *Posterla*.

noré (1), lequel Mr Le Tellier étant mort ou mourant avant lui testateur, en ce cas et non en tout autre, il institue respectivement les enfants de la susdite dame Françoise Le Tellier, par parts égales ; voulant que ledit héritier institué ou autres héritiers substitués en son lieu en cas de mort comme dessus, succèdent exception faite seulement pour les legs susdits, dans tout son patrimoine et ses biens immeubles, meubles, comptes, changes, lots de montagne, crédits, revenus et actions, argent existant et déposé en quelque lieu que ce soit, et dans toute autre chose, quelle qu'elle soit, qui sera dans ses biens, qui lui sera due et lui reviendra en quelque mode, lieu et temps que ce soit, quelque mention ou expression spéciale qui s'en cherche.

Exécuteurs du sien présent testament et de ses dernières volontés il fait et prie que veuillent être le susdit Mr Retrosi, banquier et expéditionnaire, et Mr Jean Dughet, son intention et volonté étant que tous les effets de son héritage qu'il laissera à Rome au moment de sa mort, excepté les lots de montagne, meubles et autres objets comme dessus laissés à Barbe, soient vendus et que l'argent, valeur desdits effets, avec tout l'argent qui se trouvera comptant, excepté les susdits vingt écus compris dans le legs fait à Barbe, et tout l'argent qui sera au saint Mont de

(1) Le notaire a écrit *Honorati*.

Piété de Rome et ailleurs, qui lui est dû, et reviendra en quelque mode que ce soit, soit mis et réunis ensemble, et que de ces deniers soient payés les susdits legs, et que tout le surplus, en retranchant encore les dépenses des funérailles, soit remis au susdit Jean Le Tellier, ou s'il est mort, aux enfants de ladite Françoise Le Tellier.

Et confiant dans l'intégrité et la sincère affection des susdits Giovanni Retrosi et Jean Dughet, exécuteurs testamentaires, il leur donne toute la plus grande, la plus étendue, la plus absolue faculté et autorité de pouvoir, par eux-mêmes, de leur propre autorité et sans aucun décret, ni ordre, ni mandat de juge, délégués et ministres, et sans aucune instance ou acte quelconque dudit Jean Le Tellier, institué héritier comme dessus, ou des autres héritiers substitués en cas que lui Jean fût mort ou mourût avant lui testateur, et sans leurs réquisitions, participation, mandat de procuration, intervention personnelle, ni contrat d'aucune sorte, exiger, lever, recouvrer et garder quelque quantité d'argent que ce soit existant au susdit Mont de Piété et en tout autre lieu, ainsi que les revenus des lots de montagne, des dépôts, des changes ou quelque autre revenu, rente et crédit que ce soit, sans distinction de qualité et de quantité revenants et appartenants au dit testateur ; et de faire de tout ce qu'ils exigeront, lèveront et recouvreront, où et comme il faudra, toute quittance qui sera nécessaire et opportune ; et aussi de traiter et de faire quelque acte judiciaire que ce soit, de négocier et d'obtenir le transfert et l'expédition des patentes dans le mode et la forme qui sera nécessaire pour les lots de montagne, excepté ceux qui ont été légués ci-dessus à la dite Barbe ; et aussi de vendre et résigner tous les lots de montagne, excepté ceux légués comme dessus, ainsi que tout autre effet de son héritage à Rome, par ceux qu'ils trouveront ou qu'il paraîtra bon et plaira à eux exécuteurs testamentaires ; tout l'argent qu'ils tireront des ventes, ainsi que tout celui qu'ils trouveront comptant, sauf les vingt écus laissés en legs comme dessus, et qu'ils exigeront ou recouvreront en quelque mode que ce soit, le testateur ordonne et veut qu'une fois payés les susdits legs et les frais de funérailles, ils le déposent au dit saint Mont de Piété de Rome, à titre de crédit sur son héritage à leur disposition, à l'effet de le remettre, comme il est disposé ci-dessus, au dit Jean Le Tellier, son héritier, ou aux autres substitués en son lieu comme dessus, et qu'effectivement ils puissent le remettre le plus tôt possible par lettres de change de quelque marchand que ce soit, à leur choix, avec peu de risques et de préjudices pour eux, c'est-à-dire de façon qu'eux exécuteurs ne soient tenus de leurs propres deniers en aucun cas d'évènement malheureux. Il les prie en même temps de mettre, tant dans les ventes et les locations ou recouvrements que dans les remises, cette activité et cette affection diligentes que lui testateur se promet de leur bonté. C'est pourquoi il leur donne aussi le droit d'arranger, concilier et terminer tout différend qui pourrait naître sur l'exécution de son présent testament et sur son héritage.

Et comme il peut aussi arriver que l'un de ces messieurs meure avant la mort de lui testateur, ou encore après, mais avant l'exécution complète et l'accomplissement de tout ce qu'il a disposé et ordonné ci-dessus, il veut que tous les susdits droits et autorités soient confirmés et réunis pour le survivant.

Et il dit et veut que ceci soit son dernier testament nuncupatif fait oralement; et si cette raison pouvait l'empêcher d'être valable dans le présent ou l'avenir, il veut qu'il soit valable à titre de codicille et de dernières volontés, en tout autre forme et mode qui seront nécessaires pour le rendre valable, cassant et annulant tout autre testament et toute autre disposition comme dessus; et il veut qu'il prévaille contre tout autre, non seulement de la manière présente, mais en toute autre manière qu'il faudra; *super quibus*, etc...

Fait à Rome dans la maison de M^r le Testateur, sise via Paolina, devant le Collège Grégorien. Étaient présents :

Domenico, fils de feu Salvator Maggi de Cabbia ; le Comm^r sire Pietro Semer. fils de feu Robert, de Monte, diocèse d'Amia... ; Battista Sano, fils de feu Francesco, de Catino ; le Comm^r Francesco Salvatore, fils de feu Gregorio, Romain ; Francesco, fils de feu Stefano Clerucci, de Monte Pulciano ; Giovanni Partisacco, fils de feu Giuseppe, Romain, et Errico, fils d'Alessandro Alberi, de Viterbe.

Le 19 novembre 1665. Collationné aux archives générales municipales de la Ville. *Concordat salva... In fide...*

Pro Domino Rocco Gessio archivista, Carolus Blanchettus.

XIV. — La Maison et la Tombe du Poussin.

La Maison du Poussin à Rome, située *via del Babuino*, en face de l'Eglise *dei Greci*, était classée au rang des monuments historiques, ce qui n'a pas empêché sa démolition. Le nom de l'artiste y était rappelé.

Cette maison avait-elle été achetée par Poussin avec la dot de sa femme, comme le prétendent plusieurs biographes ? C'est fort douteux, puisque dans l'une de ses lettres il déclare n'avoir « rien à propre », mais « tout à louage. »

C'est là où il a vécu sous trois Papes : Urbain VIII, Innocent X et Alexandre VI.

C'est là aussi qu'il est mort, le 19 novembre 1665, à l'âge de 71 ans et 5 mois.

Voici son acte de décès, d'après une expédition officielle que j'ai fait lever à Rome :

Parrocchia di S. Lorenzo in Lucina.

Certificato di Morte.

Nel Libro 6° de' Morti dall'anno 1657 all'anno 1667, a pagina 165, risulta la particola seguente :

« A dì 19 novembre 1665.

« Sig[r] Nicolao, figlio di Giovanni Peressin, (*detto Poussin*) della Diocesi di Andelis in Normandia, marito della fu Anna Maria Poussina, Romana, morì nella comunione della S. M. C., in età di anni 72, nella casa ove habitava in strada Paulina, ricevè tutti li sacrementi con la raccomandazione dell' anima e fu sepolto in questa chiesa. »

Data a Roma, il giorno 23 ottobre 1893.

Pietro Poliori,

(*Cachet bleu*) C. M. V. Par°. »

On remarquera que le texte porte : *Peressin*, et que dans la marge on a ajouté : *dit Poussin*. De même le mot *raccomandazione* est, dans le texte, abrégé de la façon suivante : *Racc°*. Ce sont les seules observations à faire sur cet acte.

Par un heureux hasard, alors que la plupart des registres de la paroisse Saint-Laurent ont été détruits en 1870, par l'inondation du Tibre, celui où est notée la mort de Poussin, est, au contraire, bien conservé. Il forme un volume in-4°, relié en parchemin, et comprend les années 1657 à 1667.

A la vente Mahérault, faite en 1880, à Paris, se trouvait sous le n° 240, un dessin de J. P. Pannini, plume et encre de Chine, catalogué ainsi : *La Maison du Poussin à Rome*.

Cénotaphe du Poussin, à Rome.

La galerie San Donato renfermait *La Mort du Poussin*, tableau de Granet, qui a été gravé par Bracquemont.

On voit au Musée du Luxembourg, à Paris, une toile de Bergeret représentant le *Service funèbre du Poussin*.

Le nom du Poussin est ainsi gravé au Capitole :

NICOLAUS POUSSIJNUS

et ailleurs :

NICOLAUS POUSSIJN.

Le corps du *Pussino* n'a pas été conservé. On le chercherait donc vainement sous le cénotaphe que Châteaubriand a fait élever en 1830 à la mémoire du grand peintre, dans l'église San Lorenzo *in Lucina* et dont l'architecte fut Léon Vaudoyer.

Ce cénotaphe, avec buste et bas relief, porte deux inscriptions, l'une en français, l'autre en latin, sur la face du monument.

L'église *San Lorenzo in Lucina* est située sur la place de ce nom, le long du *Corso Umberto I*.

Quelques antiquaires ont prétendu que l'appellation *Lucina* vient de ce que l'église a été construite sur l'emplacement de la maison d'une matrone romaine de ce nom ; mais ce n'est pas exact. On sait aujourd'hui que cette maison était où est l'église de *San Marcello*.

La vérité (1) est que l'église doit son nom à deux causes : la première qu'elle occupe le terrain de l'ancien temple de *Giunone Lucina*, suivant Fanucci, Nardini et Pistolesi, qui se sont occupés de la question ; la seconde qu'elle a été construite par une noble romaine, nommée *Lucina*, comme il résulte des inscriptions de l'édifice.

On trouve des détails sur *San Lorenzo in Lucina* dans : Panciroli, *Tesori nascosti di Roma*, p. 134 ; Scoto, *Itinerario d'Italia*, 351 ; Venuti, *Rome moderne*, I, 450 ; Piale. *Descrizione di Roma*, I, 100 et 166 ; Baracconi, *I Rioni di Roma* ; A. Rufini, *Dizionario... della città di Roma*. Etc.

J'ajoute que le Testament du Poussin repose en l'étude actuelle du notaire Bini, *via Campo Marzio*, 46, à Rome.

Là, les curieux pourront en prendre connaissance, moyennant la faible redevance d'usage de *trois lires*.

En parcourant ces pages si froides et si sages, ils se souviendront peut-être qu'en un autre temps, le Poussin, reportant sa pensée vers son pays natal, écrivait de Rome à Chantelou, le 17 mars 1644.

« C'est une folie de craindre les nouveautés et les

(1) Communication du fort aimable et érudit romain, M. le baron Alberto Lumbroso, que je ne saurais trop remercier de son inépuisable complaisance à mon égard.

brouilleries en France, puisqu'on ne peut les y éviter, et que jamais on n'y a été sans cela. »

Ce jour là Poussin prophétisait.

XV. — Le Monument du Poussin.

Charles Blanc a terminé ainsi sa Notice sur Poussin :

« Nous sommes heureux d'apprendre qu'on va ériger aux Andelys la statue de Poussin, sur les rives du fleuve qui coule aux pieds de la statue de Corneille. Tardive justice ! »

La cérémonie, si longtemps espérée eut lieu le dimanche 15 juin 1851, par « un ciel sans nuages », « jour anniversaire de la naissance » du grand peintre, suivant la lettre de convocation.

Le monument, érigé sur la place du Marché, en face de la Mairie, bien au centre du pays, est en pierre blanche et a bonne apparence, quoiqu'un peu étroit.

Poussin est représenté assis, tenant de la main gauche un portefeuille posé sur son genoux, et de l'autre un crayon, dans l'attitude d'un homme qui cherche l'inspiration. La tête est belle, méditative, et les draperies abondantes et bien jetées. Le calme habituel de l'artiste a été superbement rendu ; mais comme dans son portrait du Louvre on est tenté de l'interroger.

La statue est l'œuvre de M. Brian jeune, qui s'est inspiré d'un dessin d'Ingres.

Tous les journaux de l'époque ont rendu compte de la cérémonie qui fut imposante, et attira un grand concours de population.

Elle comporta un *Eloge* du peintre par M. Edouard Crémieu, des *Discours* par MM. Raoul-Rochette, Antoine Passy et Monton, maire des Andelys. L'évêque d'Evreux y prononça une allocution qui fut fort remarquée. Il y eut messe solennelle, bal et feu d'artifice au Château-Gaillard.

Le programme annoncait en outre des *Discours* de MM. Guyot, préfet de l'Eure ; de Broglie, président du Conseil général ; Avenel, président de l'Académie de Rouen ; Van-Cenac, président du Comité des Artistes ; et le Président de la Société des Beaux-Arts ; mais faute de temps ils ne furent point prononcés.

Voici quelques unes des paroles dites, en cette circonstance, par Mgr Olivier :

« Messieurs,

« Vous avez donné à nos populations un grand exemple et une utile leçon, vous avez fait une bonne et noble action, en demandant à la religion qu'elle intervînt aujourd'hui, par la majesté de son culte, par ses bénédictions et ses prières, dans cet acte solennel de reconnaissance publique et d'hommages universels, en mémoire de l'homme modeste, persécuté, pauvre et illustre, qui a porté si haut et si loin la renommée d'un des plus beaux talents que Dieu ait montrés à la terre.

Vous avez bien fait de croire, Messieurs, que la religion avait sa place dans ce concert unanime d'admiration et de louanges ; elle est la véritable mère des arts, leur inspiration la plus puissante, leur guide le plus sûr... La peinture, la sculpture et la musique, aussi bien que l'éloquence et la poésie, sont ses filles chéries pour qui elle n'a jamais dissimulé ses prédilections et sa tendresse, ni ménagé ses encouragements et ses palmes.

« Déjà, sous l'empire de l'ancienne loi, l'Esprit-Saint lui-même ne dédaigna pas de proclamer la gloire des premiers artistes, et les associa, chose digne de remarque, dans ses éloges, aux patriarches les plus vantés, aux plus puissants prophètes. Il inspirait leur génie, comme il inspirait les oracles aux voyants d'Israël ; il allumait en eux le feu sacré, comme il dressait aux combats les vaillants capitaines. Il est le Dieu des arts, comme il est le Dieu des armées.

« C'est pour cela, sans doute, que, dès le berceau du christianisme, la religion prit en main la défense de leurs chefs-d'œuvre contre la haine fanatique des hérétiques qui vont partout lacérant les toiles les plus divinement inspirées, les plus admirables statues.

« Les pontifes romains font de la ville éternelle le musée de l'univers, et ce n'est pas la moindre de leur gloire d'avoir été, dans tous les siècles, les plus intelligents et les plus généreux protecteurs des arts, en même temps qu'ils étaient les plus fermes soutiens de la civilisation aux prises avec la barbarie... »

Nous nous limiterons aussi à quelques strophes du beau poëme de M. Crémieu, celles qui le terminent, et qui ont plus particulièrement soulevé l'enthousiasme des auditeurs.

S'adressant à la statue :

Poussin, assied-toi sur ta pierre :
Les bas reliefs sont achevés.
A toi s'attachant comme un lierre,
Tes triomphes y sont gravés.
Afin que ta mémoire aimée
Jetât sur toi sa renommée
Ainsi qu'un brillant vêtement,
Pieuse et de respect saisie,
En te chantant, la Poésie
A fait le tour du monument.

Te voilà ! c'est ton front sévère :
C'est la force et la volonté !

C'est ton visage qu'on révère :
C'est le calme et la majesté !
Près de tes yeux voici les rides,
Traces des labeurs intrépides,
Des guerres avec la douleur ;
Rides nobles et glorieuses,
Cicatrices victorieuses
De la pensée et du malheur !

Les honneurs qu'après tant de lustres
A ses fils rend une cité
Couronnent, pour ces morts illustres,
L'œuvre de la postérité.
Il faut, pour clore enfin l'histoire
Du grand homme qui voit sa gloire
Amollir le plus dur métal,
Qu'en recouvrant la vie absente
Sur sa tête de bronze il sente
Passer le vent du ciel natal.

Rentre en tes villes maternelles,
Par des chants d'amour accueilli !
De leurs cris de joie, autour d'elles,
Plaines et monts ont tressailli !
A ces cris sortent des collines,
Des nuages et des ruines,
Tous les enfants de ton pinceau,
Dieux, héros, bergers, chœur céleste,

Fiers de montrer du même geste
Ton monument et ton berceau !

La Seine, en de récentes fêtes,
Aura vu nos yeux éblouis
Contempler les plus nobles têtes
Du siècle imposant de Louis ;
Trois fils de ses bords qu'on renomme,
Tous trois, peintres du cœur de l'homme ;
Sur leurs beaux fronts portant tous trois
Un mâle et puissant caractère ;
Tous trois aimant la vie austère
Qu'aimaient les sages d'autrefois.

Le fleuve, abandonnant Molière,
Vers toi, Poussin, court aujourd'hui,
Puis rencontre, en sa pose altière,
Corneille debout devant lui.
Il dit alors que pour son onde
Rien d'assez grand ne reste au monde ;
Et, dès que sa vue a quitté
Tant de gloire et tant de génie,
Etendant sa nappe infinie,
Il se perd dans l'immensité !

En 1894, eut lieu, le 3 juin, une autre cérémonie pour fêter le troisième centenaire de Nicolas Poussin, avec exposition des œuvres de l'artiste.

Et, devant le monument, des discours furent prononcés par MM. Roger-Marx, représentant le Ministre des Beaux-Arts ; Robert Fleury, au nom des Artistes français ; Edouard Gachot, organisateur du centenaire ; Léon Coutil, délégué par les Amis des Arts.

Le *Philosophe de la Peinture*, suivant l'expression de Talma, eut encore cette fois une belle journée.

Après avoir retracé en maître la carrière du Poussin, M. Roger Marx conclut ainsi :

« Phidias c'est la Grèce, Michel-Ange c'est l'Italie, Poussin c'est le génie même de la France. On trouve résumées chez lui, dans leur expression la plus haute, les qualités essentielles de l'esprit et du goût de notre race, la clarté et la mesure, l'élégance et la force, la précision de l'idée et la noblesse de la forme. Tout aboutit à Poussin et tout en découle. Les évolutions ont pu se succéder, les esthétiques se combattre, sa suprématie plane au-dessus des divergences d'école ; il a mis d'accord les anciens et les modernes, les romantiques et les naturalistes ; Ingres, Delacroix, se sont réclamés de lui avec la même humilité et la même dévotion ; aujourd'hui, s'il arrive de célébrer quelque artiste d'élition, Corot ou Puvis de Chavannes, notre joie s'accroît de ce que nous reconnaissons chez lui la tradition du Poussin, et c'est à la survivance du maître normand que nous applaudissons. Jamais on n'a mieux compris la philosophie du poète, la majesté du peintre ; jamais on n'a défini avec une plus exacte conscience la portée de l'œuvre, et pourtant le dix-neuvième siècle transmet sans crainte à la postérité la destinée du Poussin ; il est assuré que les temps à venir ne pourront qu'accroître sa gloire, et qu'elle se perpétuera à travers les âges, dans la fleur de sa jeunesse et de son éclat, radieuse et dominative, ainsi que l'éternelle beauté.

XVI. — Bibliographie.

Andresen. — N. Poussin. Verzeichniss der nach seinen Gemälden verfertigten Kuppferstiche, von Dr. A. Andresen. (Nicolas Poussin, Catalogue des estampes gravées d'après ses tableaux). Leipzig, Rudolph Weigel, 1863, in-8 (Bibl. Nat., V. 6332).

Adeline. — Les Andelys. La statue de Nicolas Poussin. L'église Sainte-Clotilde. Le Château-Gaillard. L'Hôtel du Grand-Cerf, par Jules Adeline. Rouen, imp. Léon Deshays, 1875, in-4, 19 p. et eau-forte (*Bibl. Nat.*, L7 k 18,608. Tiré à cent exemplaires). L'auteur fait naître Poussin « le seizième jour du mois de juin 1594. » Mauvais portrait, genre Molière, du Poussin.

Argenville. — Abrégé de la vie des plus fameux peintres ;... par M* (d'Argenville). Paris, chez De Bure, 1745, 3 vol. in-4, portraits.

Au tome II, (p. 248-255), se trouve la notice sur Nicolas Poussin.

Archives de l'Art français, recueil de documents inédits relatifs à l'histoire des arts en France, publiés sous la direction de Ph. de Chennevières et A. de Montaiglon. Paris, 1854-61, 13 vol. in-8.

La première livraison de la première série renferme un long article sur le Poussin. D'autres articles s'y rencontrent. Voir aussi : *Nouvelles Archives*, etc., la *Gazette des Beaux-Arts*, le *Magasin pittoresque*, l'*Illustration*, l'*Artiste*, etc.

Artiste (L'). 1894, pages 462 à 467 : « Le IIIe centenaire de Nicolas Poussin » — A reproduit les *Discours*. Voir les autres journaux illustrés du temps, notamment le *Petit Journal* du 28 mai, dont l'article est accompagné de huit clichés. Je me suis assuré que ces clichés que j'aurais eu plaisir à utiliser n'ont pas été conservés.

Baldinucci. — Notizie de' professori del disegno da Cimabue, in qua opera di Filippo Baldinucci, Fiorentino, Accademico della Crusca. In Torino, nella stamperia reale, M. DCC. LXX, 2 vol. in-4. — Et autres éditions plus complètes. La 4e est de Milan, 1808, 14 volumes in-8.

Il est parlé du Poussin et du *Traité* de Léonard de Vinci, aux pages 282 et 359 du tome II.

Balzac. — Chef-d'œuvre d'un inconnu, par Balzac. Dans ses *Œuvres*, 1845. (Bibl. nat., Y 2, 15,814.)

Les personnages de cette scène, fixée à l'année 1612, sont Nicolas Poussin et François Porbus, qui demeurait rue des Grands-Augustins, à Paris.

Bellori. — Le Vite dè pittori, scultori, ed architetti moderni, scritte da G. P. Bellori. In Roma, per il success. al Mascardi, M DC LXXII, in-4.

La *Vita dè Nicolo' Pussino d'Andeli, francese pittore*, y occupe les pages 403 à 462. Superbe portrait du Poussin, tourné à droite, par *Albert Clowet, sculp.*, d'après l'original du peintre. Je possède le cuivre original de cette gravure, qui n'a été utilisé que pour cette seule édition.

Sec. Edizione : In Roma, per il successore al Mascardi, a spese di Fr. Ricciardo e G. Buono, M. DCC. XXVIII, grand in-4.

La *Vita* y occupe les pages 162 à 304 (pour 204). Portrait du Poussin, tourné à gauche, signé : *F. de Grado sculp. Neap.* De beaucoup inférieur comme mérite au précédent.

Vite del pittori, scultori ed architetti moderni, descritte da Gio. Pietro Bellori. Pisa, presso Niccolo' Capuro, co' caratteri di F. Didot, M. D CCC. XXI, 3 vol. in-8.

La *Vita* occupe les pages 145 à 208 du tome II. Pas de portrait.

Mesures de la célèbre statue de l'Antinoüs, suivies de quelques observations sur la Peinture, transcrites du manuscrit original de N. Poussin, publiées par Bellori en 1672. Paris, 1803, in-8, 2 planches gr.

Besneray. Les grandes époques de la Peinture.

Le Poussin, Ruysdaël, Claude Lorrain, par Marie de Besneray. Paris, Delagrave, gr. in-8, fig. — 2e édition, 1885 (Bibl. nat., V. 7674).

Blanc. — Histoire des Peintres de toutes les Ecoles, par Charles Blanc, ancien Directeur des Beaux-Arts. Paris, veuve Jules Renouard, lib.-édit., 1865, Ecole française, 3 vol. in-folio, fig.

On trouve au tome premier les biographies, avec portraits et planches, de Nicolas Poussin (24 pages) et de Gaspard Dughet, dit *le Guaspre* (8 pages).

La notice sur Poussin se termine par ce P.-S : « C'est le mardi 10 juin 1851 (1), qu'a été inaugurée aux Andelys la statue de Nicolas Poussin. Un détail de cette cérémonie que nous ne pouvons omettre, parce qu'il honore l'*Histoire des Peintres*, c'est qu'un exemplaire de la présente biographie, et une excellente pièce de vers de M. Ed. Crémieu ont été insérés dans un rouleau de métal déposé sous la statue. »

L'*Illustration* du 21 juin, donne cette autre indication : « Vers la fin du repas, le poëme de M. Ed. Crémieu et une Vie du Poussin, élégamment reliée et ornée de délicieuses gravures sur bois ont été distribués par les soins de M. le Maire et de M. Tardieu. La Vie du Poussin, extraite de la belle collec-

(1) Erreur : Dimanche, 15 juin.

tion de l'Histoire des Peintres que publie M. Jules Renouard, était un acte de la munificence de cet habile et savant éditeur et de ses associés. »

Boissy d'Anglas. — Monument à la gloire de Poussin. Article signé : B. d'A. (Boissy d'Anglas, alors Préfet de l'Eure). Dans un *Almanach de l'Eure.*

Bosse (Abraham). — Remarques sur le Poussin, dans ses œuvres imprimées.

Bottari. — Recueil de lettres sur la peinture, la sculpture et l'architecture, écrites par les plus grands maîtres et les plus illustres amateurs depuis le XVe siècle, publiées à Rome, par Bottari, en 1754. Traduites et augmentées de beaucoup de lettres qui ne se trouvent pas dans le recueil publié à Rome, et enrichies de notes historiques et critiques par L.-J. Jay. Paris, 1817, in-8.

Bouchitté. — Le Poussin. Sa vie et son œuvre. Suivi d'une notice sur la vie et les ouvrages de Philippe de Champagne et de Champagne le neveu, par H. Bouchitté, ancien Recteur des Académies d'Eure-et-Loir et de Seine-et-Oise. Ouvrage couronné par l'Académie française. Paris, Didier et Cie. lib.-édit. (Impr. Bourdier et Cie), 1858, gr. in-8. (Bibl. Nat., L n 27 16,618).

— Deuxième édition : *Ibid.*, 1858, in-18, IV-468 p. (Bibl. nat., L n 27 16,618 *a*). Même texte.

Bouyer. — Le Paysage dans l'art, par Raymond Bouyer. Dessin d'Alexandre Séon. Paris, l'*Artiste*, 1894, gr. in-8, 130 pages (Bibl. nat., V, 3,629.)

La dédicace en vers porte : « En l'honneur de Nicolas Poussin. »

« ... Dans la première moitié du dix-septième siècle, venu à temps entre deux mauvais goûts, entre l'enflure et la froideur, le Français Nicolas Poussin acclimate à Rome, loin de la cour, le génie mixte de la France qui surpasse dès lors les Italiens dégénérés dans la robuste familiarité du Beau. Aucun auteur contemporain n'a écrit un paysage de style comparable au merveilleux *Diogène ;* Fénelon lui-même garnira de « rocailles » la grotte de Calypso : le clinquant ajouté à la nature...

« Poussin, qui dessinait d'après nature, sous le cintre délabré des thermes sombres, de mâles croquis rehaussés de bistre, voyait dans l'univers un auxiliaire docile pour créer : et le *Diogène* est la plus ample « composition » du virgilien géomètre. Sous ses ombres fuligineuses, injure du temps, cet admirable reflet de la Grèce devinée atteste, doucement et sévèrement, un sens profond de la nature, de la beauté dans la nature, de l'art vivant qu'elle recèle : le vieux vaillant maître s'est fait une âme presque antique dans l'ivresse calme de son rêve plastique et la joie spontanée de la création. Ce songe est étonnant de réalité, et peu d'artistes plus modernes ont mieux perçu le galbe de nobles feuillées arrondies aux flancs lumineux des collines : l'onde bleuâtre est un miroir pacifique ; le bonheur s'est réfugié dans ce sanctuaire de sages : voici la vérité dans la beauté ; et si l'art est invention, c'est l'art suprême.

« Ni romain, ni français *exclusivement*, normand moins encore, — ni préraphaélite, ni barbare, — mais harmonieux composé de réel et de songe, et guidé par la raison, ce rameau d'or de Virgile,... Nicolas Poussin paysagiste aurait pu s'écrier :

« Rome n'est plus dans Rome ; elle est toute où je suis ! ».

Cambry. — Essai sur la vie et sur les tableaux du Poussin, par le C[on] Cambry, de l'Académie des Antiquaires de Cortone. Rome et Paris, Le Jay, 1783, in-8. — Cette édition fort rare n'est pas à la Bibliothèque Nationale, ni à celle des Beaux-Arts.

Autre édition : A Paris, de l'Imp. de P. Didot, l'aîné, an-VII, in-8, 62 pag. (Bibl. Nat. Ln 27. 16,612 et aux doubles).

L'ouvrage débute ainsi : « Quelques personnes ont demandé mon *Essai sur le Poussin*. Il parut en 1783. Je suis obligé à emprunter l'exemplaire qui sert à sa réimpression. »

L'auteur y maltraite Raphaël et Rubens.

Castellan. — Vie de Nicolas Poussin, par A.-L. Castellan. S. d. et s. nom d'impr. (1811), in-4, 54 p. et portraits.

Chamberlaine. — Original Designs of the most celebrated masters of the Bolognese, Roman, Florentine, and Venetian Schools, comprising some of the Works of Lenardo da Vinci, The Caracci, Claude Lorraine, Raphaël, Michael Angelo, the Poussin et others in his majestys collection; engraved by Batolozzi Fomkins, Schiavonetti, Lewis and other eminent engravers, with biographical historical Sketches of L. da Vinci and the Caracci, by J. Chamberlaine. London, G. et W. Nicol, 1812, gr in-4.

Chardon. — Les Frères Fréart, de Chantelou, par Henri Chardon. Le Mans, imp. Ed. Monnoyer, 1867, in-8, 202 p. (Bibl. Nat., L25 n 163). — Voir à **Fréart**.

Charpillon. — Dictionnaire historique illustré de toutes les communes du département de l'Eure, par M. Charpillon, juge de paix, avec la collaboration de M. l'abbé Caresme. Les Andelys, chez Delacroix, libr.-édit., 1868 (Imp. Cognard à Rouen), 2 vol. gr. in-8 (Bibl. nat., L 4 k 1467).

L'auteur fait naître Nicolas Poussin *en 1594*.

Chantelou. — Journal de voyage du cavalier Bernin en France, par de Chantelou. Manuscrit inédit, publié et annoté par Ludovic Lalanne. Paris, 1885, gr. in-8, fig. — Voir à **Chardon.**

Chaussard. — Voir à **Huet.**

Chennevières. — Recherches sur la vie et les ouvrages de quelques peintres provinciaux de l'ancienne France, par Ph. de Chennevières-Pointel. Paris, Dumoulin, libr., 1847-1862, 4 vol. in-8.

On trouve au tome Ier, une notice sur P. Le Tellier, (185-213) et sur Quintin-Varin. (215 à 236).

Archives de l'art français. — Voir ci-dessus à ce nom.

Manuscrit relatif au Poussin et à Lebrun. (Correspondance littéraire, septembre 1858, page 226.)

Clément. — Etudes sur les Beaux-Arts en France, par Charles Clément. Paris, Michel Lévy, frères, libr.-éditeurs, 1865, in-16, (Bibl. Nat., V, 34,966.)

Le premier chapitre (pp. 1 à 97) est consacré à Nicolas Poussin. Cet auteur est fort prudent dans son récit, et l'appuie toujours sur des documents authentiques.

D'une nouvelle étude sur Poussin. Compte-rendu critique, signé Charles Robert, d'une étude de Charles Clément sur Poussin, publiée par la *Revue des Deux-Mondes*. (*Le Théâtre*, n° du 27 février 1850.)

Cousin (Victor). — De divers travaux de Poussin qui sont en Angleterre et particulièrement de l'inspiration du poëte. Paris, 1853, in-8 (Extrait des *Archives de l'Art français*.)

Crémieu. — Le Poussin et son monument,

poème couronné en 1845, par la Société des Arts et Belles-Lettres de l'Eure, par Edouard Crémieu. Evreux 1851, in-8. (Bibl. nat., Y c 19,298.)

Edouard Crémieu, neveu du célèbre avocat Crémieux. L'orthographe des deux noms diffère.

David. — Discours sur la vie et les ouvrages du Poussin, par Eméric David. In-8, monté in-4 (*Bibl. Nat.*, manuscrits, F. 12,348.)

Epreuves surchargées de corrections et d'additions, d'une édition tirée à Aix, en 1812, dans l'imprimerie d'Eméric David et Pontier sous le titre : *Eloge de Nicolas Poussin*, et qui n'a jamais paru. Eméric David y a mis cette note : « Il n'existe que trois ou quatre exemplaires de ces épreuves avec des corrections autographes de l'auteur. Mauvais plan, rebut. Aix, 3 mai 1834. »

L'ouvrage commence ainsi : « Le Poussin nacquit l'année même ou Paris ouvrit ses portes à Henri-le-Grand. Son père natif de Soissons, capitaine dans les armées..., gentilhomme, mais ruiné par les guerres civiles, se maria dans la ville des Andelys... »

On remarquera qu'il n'est dit nulle part que Jehan Poussin était *Capitaine* et qu'il se maria à *Andely*.

Vies des artistes anciens et modernes par Eméric David, publiées par Paul Lacroix. Paris, Charpentier, 1853, in-8.

Les pages 303 et suivantes traitent de la vie et des ouvrages du Poussin.

Delecluze. — Nicolas Poussin. Avec un portrait en pied, dessiné par Ingres. Dans le *Plutarque français*, 1835, gr. in-8.

Detouche. — Epître à Nicolas Poussin, par un jeune Peintre. Paris, de l'Impr. de Dentu, 1819, in-8, 16 pages. (Bibl. nat., Y e, 41,959.)

Par Paul Emile Detouches, né en 1794. Débute ainsi :

Toi, que la France aux Grecs oppose avec orgueil,
Toi qui sus embrasser tout ton art d'un coup d'œil,
Honneur de ton pays ! peintre sublime et sage...

Duchesne. — Notice sur Nicolas Poussin (Recueil de la Société libre de l'Eure. Tome IX. Evreux, Ancelle, 1838, in-8, pages 188 et suivantes.) — Renferme quelques erreurs.

D. T. M. — Le Clos Poussin (*Journal de l'Eure* du 9 décembre 1841.) L'article se termine ainsi : « J'oublie que j'avais pris la plume pour 1° annoncer que la ville des Andelys achètera le Clos Poussin, mais que la ville est pauvre et qu'il serait peu généreux de lui faire concurrence ; 2° que ceux qui désirent contribuer aux frais de la statue du Poussin peuvent déposer leur offrande au bureau du journal. »

Duplessis. — Les Graveurs de Nicolas Poussin,

par George Duplessis (Revue universelle des Arts, 1858). — Voir à **Marolles**.

Félibien. — Entretiens sur les vies et les ouvrages des plus excellents peintres, anciens et modernes (par Félibien). Paris, MDCLXVI-MDCLXXXV, 4 parties, reliées habituellement en deux volumes in-4.

Première partie : Pierre Petit, 1666 ; Deuxième : Mabre-Cramoisy, 1672 ; Troisième : Jean-Baptiste Coignard, 1679 ; Quatrième : Mabre-Cramoisy, 1685.

La notice sur le Poussin occupe les pages 237 à 411 de la quatrième partie.

Seconde Edition. Paris, chez Sébastien Mabre-Cramoisy, MDCLXXXV-MDCLXXXVIII, 2 tomes in-4.

La notice sur le Poussin y occupe les pages 307 à 442 du tome II. La vie du Guaspre est à la suite.

Pas de portrait dans l'une et l'autre édition.

Fénelon. — Dialogues des morts, l'un entre Parrhasius et le Poussin, l'autre entre Léonard de Vinci et le Poussin.

Fréart. — Idée de la perfection de la peinture démonstrée par les principes de l'art et par des exemples conformes aux observations que Pline et Quintilien ont faites sur les plus célèbres tableaux des anciens peintres, mis en parallèle à quelques ouvrages de nos meilleurs peintres modernes, Léonard de Vinci, Raphaël, Jules Romain et le Poussin, par

Robert Fréart, sieur de Chambray. Au Mans, Jacq. Ysambart, 1662, pet. in-4. (Bibl. nat., V, 10,292). — Voir à **Chardon**.

Dans ce livre, Fréart fait un grand éloge du Poussin, qu'il qualifie d'« Illustre François », de « grand Aygle dans sa profession » et de « Peintre le plus achevé et le plus parfait de tous les Modernes. »

Gandar. — Les Andelys et Nicolas Poussin, par E. Gandar, professeur de la Faculté des lettres de Caen (Extrait des *Mémoires de l'Académie de Caen* et de la *Gazette des Beaux-Arts*. Paris, veuve Jules Renouard, libr., (Caen, typ. de A. Hardel), 1860, in-8, 183 pages.

En tête se trouve reproduite, mais mal tirée, la planche de la *Peinture murale trouvée aux Andelys et attribuée au Poussin (Sargent, sc.*, d'après *J. Laurens*), qui accompagne dans la *Gazette des Beaux-Arts*, livraison du 15 janvier 1860, les *Souvenirs de la jeunesse de Nicolas Poussin aux Andelys*, de E. Gandar.

Tous les travaux de M. Gandar sur Nicolas Poussin, ont été reproduits dans les *Lettres et Souvenirs d'enseignement* du même auteur.

— Lettres et Souvenirs d'enseignement d'Eugène Gandar, publiés par sa famille, et précédés d'une étude biographique et littéraire, par Sainte-Beuve, de l'Académie française. Paris, Libr. Académique Didier et Cie, 1869, 2 vol. in-8. (Bibl. Nat., Z. 49, 326).

On trouve au tome II, ce chapitre : *Les Andelys et Nicolas Poussin*, qui y occupe les pages 277 à 459, et est lui-même subdivisé ainsi : Les Andelys et Manchester ; Le Séjour de Poussin aux Andelys ; Poussin à Rome ; Poussin revendiqué pour la France, l'Ecole française et la Normandie ; Épilogue ; Appendice.

Gault de Saint-Germain.— Vie de Nicolas Poussin, considéré comme chef de l'Ecole française ; suivi de notes inédites et authentiques sur sa vie et ses ouvrages, des mesures de la statue d'Antinoüs, de la description de ses principaux tableaux et du Catalogue de ses Œuvres complètes, par P.-M. Gault de Saint-Germain. Ornée de planches gravées. Paris, Imp. P. Didot, 1806, gr. in-8, fort papier, 64 p., portrait et 36 planches.

On y trouve la description de 129 tableaux et de 93 esquisses et dessins.

La Bibliothèque Nationale (imprimés) ne possède que le prospectus (Ln 27 16,614). L'ouvrage est au département des Estampes.

Le Catalogue de la librairie Renouard de 1875, cote cet ouvrage, cartonné 36 francs et 48 francs, avec les gravures avant la lettre.

M. Alberto Lumbroso, a bien voulu me signaler

dans le « Catalogo dei Codici e Manoscritti possedute dal Marchese Gius. Campori, *Appendice Iª*, compilata da Raimondo Vandini (sec. XIII-XIX) », Modène, Toschi, 1886, p. 357, — le manuscrit ci-après, qui porte le nº 1142 :

« Gault (de) S. Germain, P. M. Vie de Nicolas Poussin. Mss. cart. in-8 di carte 77, sec. XIX. Il présente manoscritto, publicato per le stampe nel 1806, venira dall'autore offerto in dono, nel genuaio 1808, ad un tale Alberti, pittore olandese ».

Gence. — Notice sur la Vie et les Tableaux du Poussin (par Gence). Paris, Éverat, 1823, in-8, 31 p. à deux colonnes (Extrait de la *Biographie Universelle Michaud*). Excellent travail.

Graham. — Memoirs of the life of Nicholas Poussin; by Maria Graham, author of a Journal of a baur in India, etc. London, Longman, Hurst, Recs, Orm and Brown, 1820, in-8, XVI-236 p. (Bibl. Nat., Ln 27 16,616 bis).

Portrait de Poussin (rajeuni), gravé par Fry, d'après Jackson, et Vue de la maison qu'il habitait à Rome. — Edition rare.

Mémoires sur la vie de Nicolas Poussin, par Maria Graham, auteur d'un Voyage aux Indes, etc., etc. traduit de l'anglais. Paris, chez Dufart, (Imp. de Crapelet), 1821, in-8, XVI-191 p. (Bibl. Nat., Ln 27 16,616).

Joli portrait, lithographié chez C. Motte, par Vigneron, en 1821. Vue de la *Maison du Poussin sur la place de la Trinité du Mont*, lithographiée chez G. Engelmann, à Paris, d'après la gravure de l'édition anglaise. Et Catalogue des principaux tableaux du Poussin. A la suite de la *Vie du Poussin*, et avec pagination continue (121 à 142) : *Deux Dialogues des morts de Fénelon, destinés à décrire deux tableaux du Poussin*. Voir l'abbé de Monville, p. 163, sur la part que Mignard a eue à ces Dialogues.

Guibal. — Eloge de Nicolas Poussin, peintre ordinaire du roi. Discours qui a remporté le prix à l'Académie royale des Sciences, Belles-Lettres et Arts de Rouen, le 6 août 1783. Lu à l'Assemblée de l'Académie royale de peinture et sculpture, au Louvre, le 4 octobre suivant, par M. Nicolas Guibal, premier Peintre et Directeur de la Galerie du duc de Würtemberg et Teck. A Paris, de l'Imp. roy., 1783. in-8, joli frontispice : AU POUSSIN, gravé par J.-J.-J. Huber, d'après N. Guibal, 56 p. (Bibl. Nat., Ln[27] 16,611 et aux doubles).

Autre édition : Paris, imp. de P. Delormel, in-8. (N'est pas à la Bibl. Nat.).

Sur Guibal, et son Eloge du Poussin, voir Mémoires de Mme Roland, (I, 10) édition de 1820.

Hacquin. — Réponse du citoyen Hacquin, restaurateur de tableaux, au citoyen Picault, relativement aux restaurations des tableaux du Muséum, précédée d'une note sur l'un des premiers tableaux du Poussin. (*Revue universelle des Arts*, 1863, tome XVIII, pages 156-162).

Houssaye. — Histoire de l'Art en France, recueil raisonné et annoté de tout ce qui a été écrit et imprimé sur la peinture, la sculpture etc., par Poussin, Félibien, Mignard, etc. Première série. Paris, F. Sartorius éditeur, s. d. (1856), in-8. (Bibl. Nat., V. 41,668).

L'introduction, signée Arsène Houssaye, contient l'*Histoire à vol d'oiseau* des deux derniers siècles : Jean Cousin, Poussin, Lesueur, Lebrun, Valentin, Claude Lorrain, Watteau, Boucher, La Tour, Greuze, David, Prudhon. La lecture de la Table de ce livre donne le vertige !

Huet. — Les Anténors modernes, ou Voyages de Christine et de Casimir en France, pendant le règne de Louis XIV. Esquisses des mœurs générales et particulières du XVIIe siècle, d'après les Mémoires secrets des deux ex-souverains ; continués par Huet, évêque d'Avranches. Paris, chez F. Buisson, libraire, 1806, 3 vol. in-8. (Bibl. nat , L b 37, 105).

Le tout recueilli, suivant Barbier, par J.-B.-P. Chaussard. Les chapitres VII à IX du tome II ont pour titres : Rencontre du Poussin ; Histoire du Poussin ; Intérieur du Poussin ; son Atelier,

Illustration (L'). — Le numéro du 21 juin 1851 consacre un article à l'*Inauguration de la statue du Poussin aux Andelys*. S'y trouvent reproduits : la *Statue*, la *Médaille commémorative*, une *Vue du Clos Poussin*.

Jacquemart. — Les sept Sacrements, d'après Nicolas Poussin, accompagnés d'une notice historique sur la vie et les œuvres de Poussin et l'explication des 7 tableaux de ce grand maître, par A. Jacquemart. Paris, 1843, br. in-4.

Jouin. — Conférences de l'Académie royale de peinture et de sculpture, recueillies, annotées et précédées d'une étude sur les artistes écrivains, par Henry Jouin, Lauréat de l'Institut. Paris, Quantin, Imp.-édit., 1883, gr. in-8.

On y trouve les Conférences de Charles Le Brun, de Sébastien Bourdon, de Philippe de Champagne, de Nicolas-Pierre Loir, de Jean Nocret, sur le Poussin.

Charles Le Brun et les Arts sous Louis XIV. Le premier peintre, sa vie, son œuvre, ses écrits, ses contemporains, son influence, d'après le manuscrit de Nivelon, et de nombreuses pièces inédites, par Henry Jouin, Lauréat de l'Institut. Paris, Imp. Nat., 1889, in-fol., portrait.

Avec cet épigraphe tiré de Nicolas Poussin : « Je n'ai rien négligé ». Il est fait mention du Poussin en plus de cinquante endroits de cet ouvrage.

La Boullaye.— Corneille chez Poussin. A propos anecdotique, en vers, suivi d'un épilogue, par M. Ferdinand de La Boullaye. Représenté pour la première fois, à Paris, sur le Second-Théâtre-Français, le 6 juin 1847, jour anniversaire de la naissance de Pierre Corneille. Paris, chez Tresse, libr.-édit., s. d., in-8, 24 pages.

Dédié à S. A. R. le comte de Paris. La scène se passe en 1639, dans une hôtellerie de la place de Grève. Commence ainsi :

La nuit vient à grands pas. Laissons là mes pinceaux...

Lacombe. — Dictionnaire portatif des Beaux-Arts, par Lacombe. Paris, chez J.-Th. Hérissant, M. DCC. LIX, in-8 (Bibl. Nat., V 25,825).

Landon. — Vies et œuvres des peintres les plus célèbres. Peintures antiques : Léonard de Vinci, Titien, Le Guide, Paul Véronèse, Michel-Ange, Baccio Bandinelli, Daniel de Volterre, Raphaël, Corrège, Parmesan, Zampieri dit le Dominiquin, Poussin, Le Sueur et Jouvenet, par Landon. Paris, 1803-1817, 25 vol. in-4, avec 1300 gravures au trait.

La Rochefoucauld-Liancourt. — Notice historique sur l'Arrondissement des Andelys. Par G.-F. de La Rochefoucauld, Sous-Préfet des Andelys. Paris, chez Alexis Eymery, libr. (Imp. Porthmann), 1813, in-8. (Bibl. Nat., Lk[8] 77).

Histoire de l'Arrondissement des Andelys, par M. le Marquis de La Rochefoucauld-Liancourt, Député du département du Cher. Seconde édition. Andelys, Imp. Saillot aîné, édit., 1833, in-8, 282 p., vue des ruines du Château-Gaillard, gr. par Brevière. (Bibl. Nat., Lk[5] 78. Acquisition n° 42,356).

« Poussin naquit dans une chaumière, le 15 juin 1593, à Villers, hameau dépendant d'Andely. » Première édition, p. 120; deuxième édition, p. 141. Même texte.

Lecarpentier. — Eloge historique du Poussin, par C. Lecarpentier, peintre et professeur de l'Académie des arts de dessin de Rouen. Lu dans la séance publique de la Société libre d'Emulation de Rouen. Rouen, Imp. Ve Guilbert, 1805, in-8, 19 p. (Bibl. Nat., Ln 27 16,613, et aux doubles).

Le Comte. — Cabinet des Singularitez d'architecture, peinture, sculpture et gravure, par Florent Le Comte, sculpteur et peintre à Paris. Paris, chez Etienne Picart, graveur du Roy, 1699-1700, 3 vol. in-12 (Bibl. Nat., V. 23,999).

Le tome II renferme, pages 129-139, le *Catalogue de ce qui a été gravé d'après Nicolas Poussin, fameux Peintre de ce siècle*; et le tome III, pages 27-33, une courte notice sur cet artiste, où il est dit que « prévoyant bien qu'il ne seroit pas Prophète en son Païs, et que Paris seroit la source des sciences qu'il vouloit acquérir, il ne fut pas plutôt en âge de se sentir qu'il sortit de chez luy... »

Lecordier. — Habitants des Andelys. Andely. Imp. de Monton, aîné, 1 feuillet in-4. Daté d'Andelys, le 12 juin 1851 et signé : Femme Lecordier.

« Chacun, avec l'énergie dont il se sent capable, s'efforce d'échauffer sa verve et de traduire des vers qui relèvent le mérite de Nicolas Poussin, né aux Andelys. Moi seule resterai-je insensible à lui rendre l'honneur qui lui est dû ? Non, surtout dans une semaine aussi précieuse... Mes entrailles voudraient avoir porté ce génie rare... Que sa tendre mère ne peut-elle obtenir du roi des rois, l'ouverture de la voûte sacrée et impénétrable à tous les mortels... Non, non, Mères, nous ne pouvons réaliser nos souhaits ; contentons-nous de croire que le Dieu invoqué lui a remis, à l'entrée des Cieux, la palme qu'il a si justement méritée ».

Lemonnier. — Documents relatifs à Nicolas Poussin, par H. Lemonnier. Paris, imp. F. Malteste, (1858), in-12, 6 pages, (Bibl. Nat., Ln 27 16,619).

Extrait de l'*Annuaire de la Société Philotechnique de Paris*. Tome XX. Paris, Fontaine, libr., 1859, in-12, p. 178-183 (Bibl. Nat., Z. 1,241). — Travail très court, mais très documenté.

L'Art français au temps de Richelieu et de Mazarin. Paris, Hachette, 1893, in-8.

Intéressante étude sur le Poussin, aux pages 295 à 334.

Lumbroso. — Voir à **Pozzo**.

Marolles. — Le Livre des Peintres et Graveurs, par Michel de Marolles, abbé de Villeloin. Edition revue et annotée par M. Georges Duplessis. Paris, Paul Daffis, édit., 1872, in-12.

Il y est dit : (XLVII) :

> Pour Nicolas Poussin, il est incomparable :
> On l'admire partout, et quand il a vescu,
> De tous ceux de son temps pas un ne l'a vaincu,
> Il le faut donc louer, puisqu'il est admirable.

Mesteil. — Catalogue de la bibliothèque de feu M. Mesteil, avocat aux Andelys... dont la vente se fera le lundi 30 mars 1868 et jours suivants, maison Silvestre. Paris, Libr. Tross, 1868, in-8, 67 pages. (Bibl. Nat., QΔ 34,333).

747 numéros. Ouvrages sur le Poussin, Turnèbe, Chaulieu. Livres et manuscrits sur les Andelys. Manuscrits de M. Mesteil. En outre, beaucoup de bons livres provenant de la même bibliothèque furent vendus en lots. Ce Catalogue annonce aussi la mise en vente d' « un des plus gracieux tableaux de Nicolas Poussin, représentant *Jupiter et Calisto*, ainsi qu'une partie importante de pièces gravées d'après les principales compositions de ce chef de l'Ecole française. »

J'ai relevé dans ce Catalogue plusieurs Recueils formés par M. Mesteil, notamment ceux ci-après :

— Recueil de pièces imprimées et notes manuscrites concernant la statue de Nicolas Poussin. 1 vol. gr. in-fol., et 3 vol. in-8.

— Extraits de journaux, brochures, chansons, gravures, etc. Ce sont surtout les notes manuscrites de M. Mesteil qui rendent cette réunion de pièces infiniment précieuse. In-fol.

— Recueil de notes manuscrites de M. Mesteil, notes détachées, extraits de livres et de journaux, gravures, etc. In-fol.

— Notices sur Nicolas Poussin et le Clos Poussin. In-fol.

— Romans, Feuilletons, Comédies, concernant le Poussin, 8 vol. de différents formats.

M. Soullié, libraire, rue de Lille, a recueilli plusieurs de ces Recueils. Il en existe deux à la Bibliothèque des Andelys.

En 1868, M. Gabriel Charavay publia dans la *Revue des Autographes* (page 150), et à l'insu de l'auteur (1), la lettre de renseignements ci-après qu'il avait sollicitée de M. Letailleur, des Andelys :

« J'ai trouvé fort intéressant votre article sur les

(1) Indication à nous fournie par M. Letailleur.

Revendications des Notaires (1). Il est plein de bon sens, de logique et d'équité. Il doit trouver sa justification partout, aussi bien en province qu'aux Andelys, — et je suppose qu'il en a dû être ainsi dans d'autres localités ; — des archives anciennes de notaires ont été vendues comme vieux papiers, et encore était-il difficile de s'en débarrasser. »

« Une preuve irrécusable de cette assertion, c'est l'envoi à Paris, il y a quelques mois, des manuscrits anciens de la collection de M. Meistel, décédé dans les derniers mois de la précédente année, avocat aux Andelys. Et, en effet, tous ces manuscrits et imprimés, mémoires, etc., proviennent des archives anciennes des Beuselin, notaires aux Andelys, du XVIIe au XIXe siècle. Ces papiers, parchemins, etc., remplissaient une pièce de la maison de cette famille. Ils y avaient été accumulés depuis plus de deux siècles lorsque la veuve du dernier notaire du nom de Beuselin, fit appeler un brocanteur, marchand de meubles de la localité, pour la *débarrasser* de ce fatras de papiers, cette dame devant d'ailleurs quitter la résidence des Andelys pour aller habiter Paris. On vendit donc, à la traverse, une chambrée

(1) M. Gabriel Charavay, Directeur de la *Revue des Autographes*, était à ce moment en procès avec Me Vassal notaire, à Paris, qui revendiquait des autographes mis en vente. L'expert fut dans ce procès, défendu par Me Moulin, ancien avocat général, et grand collectionneur d'autographes.

tout entière de ces papiers au brocanteur dont il s'agit. Il en charria pendant trois ou quatre jours, tria les parchemins qui s'y trouvaient en masse, les vendit à la livre et proposa, à qui en voulut, les papiers restant en dépôt chez lui.

« Cela se passait il y a une vingtaine d'années.

« C'est alors que M. Mesteil, collectionneur érudit, qui était avocat distingué au barreau des Andelys, fut à même d'acquérir pour bien peu de chose, des docnments qui étaient pour la plupart d'un certain intérêt pour le pays des Andelys. Mais M. Mesteil n'a pas seul profité de cet avantage. Moi-même, plusieurs autres, et notamment M. Chassant, paléographe d'Evreux, notre ami, avons recueilli une ample moisson de matériaux de ce genre.

« Et cependant le notaire, successeur de Beuselin, notaire qui n'ignorait aucunement cette vente, puisqu'elle se faisait sous ses yeux et dans sa maison même (ancienne maison Beuselin), ne s'y opposa en aucune façon, convaincu qu'il était qu'ils appartenaient à l'héritière des Beuselin, tout à la fois, avant 1793, notaires, procureurs et commissaires-priseurs, ce qui explique la multiplicité et la variété des documents de M. Mesteil, — et qu'elle avait le droit d'en disposer comme bon lui semblerait. Il n'ignorait pas non plus que ces papiers anciens, minutes ou autres, ne pouvaient lui causer de préjudice; qu'au contraire, il s'en trouverait ainsi débarrassé. »

Je dois à l'obligeance de M. Letailleur la notice ci-après sur M. Mesteil, que je l'avais prié de me rédiger :

« M. Mesteil (Denis-Théodore), ancien avocat au Barreau des Andelys, est décédé en cette ville en 1867. C'était un fervent admirateur du Poussin et un collectionneur émérite. Il avait formé une précieuse collection de toutes les gravures de l'œuvre du Poussin, anciennes et modernes. Je vois encore dans cette même collection une série graduée de portraits gravés du Poussin, de toute dimension, du plus petit au plus grand, et il y en avait une certaine quantité. Il avait aussi recueilli des documents sur le Poussin pris et coupés dans diverses publications pour en former des recueils factices. Beaucoup de documents manuscrits anciens, etc., d'intérêt local, formaient plusieurs volumes. Des livres rares et curieux sur le pays et la Normandie composaient un ensemble des plus intéressants pour l'histoire de la contrée. Mais tout cela, par la faute d'héritiers trop exigeants, qui n'ont pas accepté les propositions très raisonnables de la Municipalité qui m'avait chargé de choisir ce qui nous était le plus convenable pour le conserver, fut enlevé des Andelys et vendu à Paris (au-dessous de l'offre de la ville), en mars 1868. Cette collection que M. Mesteil avait mis plus de vingt ans à faire, fut dispersée par la vente publique, comme on dit aux quatre vents du ciel. Déjà auparavant une vente publique, faite au domicile du défunt, aux Andelys, avait disséminé les gravures de l'œuvre du Poussin, qui se vendaient par lots, avec les meubles, curiosités, etc., qui garnissaient sa maison. M. Mesteil est mort célibataire. Il n'a laissé pour héritiers que des collatéraux dont on ignore le domicile. Il est auteur de douze Lettres publiées en 1836, sur les Andelys, qui sont intitulées : historiques et critiques et qui sont particulièrement humoristiques. On les rencontre difficilement complètes, n'ayant été tirées qu'à 200 exemplaires. »

On trouve au *Journal des Andelis*, du 17 novembre 1867, la lettre ci-après, adressée à M. Leviêvre, directeur de cette feuille :

« Evreux, ce 15 novembre 1867.

« Cher Monsieur,

« J'apprends par un prospectus qu'on va vendre la belle collection de gravures des œuvres du Poussin, provenant du riche cabinet de feu M. Mesteil. Si cette collection ne peut être sauvée au profit de la ville des Andelys, et que le sacrifice en soit fatalement consommé, laissez-moi joindre mes vifs regrets aux vôtres et à ceux des personnes qu'une telle perte afflige. S'il faut surtout qu'elle soit dispersée par les enchères, adieu alors toute étude sérieuse et profonde sur l'œuvre de notre grand peintre. Car qui se flattera de réunir une si grande quantité d'estampes, une fois éparpillées, quand il faut une vie entière pour former une telle collection, et une autre vie pour l'étudier. Viendra-t-on dire que cette étude peut se faire par des catalogues spéciaux et à l'aide du cabinet des estampes de la Bibliothèque Impériale et que, comme complément, on peut aller visiter les tableaux du Poussin, disséminés dans beaucoup de galeries de l'Europe, publiques ou privées? Verbiage que tout cela. C'est justement parce que ces moyens d'étude sont ou incomplets ou peu praticables, que M. Mesteil entreprit de réunir dans son cabinet tout ce que le burin avait reproduit des œuvres du peintre Andelysien, son illustre compatriote, à qui il avait voué, comme on sait, un culte fervent. Cette noble entreprise occupa toute sa vie. Tout ce qui tenait de près ou de loin au Poussin, il le recueillait avec empressement. Aussi était-il en correspondance suivie avec les libraires et les marchands d'estampes, étant aux aguets de toutes les ventes de gravures et de tableaux, et consultant tous les catalogues. Il en était venu ainsi, avec l'aide du temps et en s'imposant de nombreux sacrifices, à posséder une des plus riches collections de cette spécialité, et c'est aussi en collectionnant pièce à pièce avec un but arrêté, et non par manie, qu'il était arrivé à savoir son Poussin par cœur. Il se proposait de publier un jour le résultat de ses études, dans un catalogue raisonné des tableaux de son compatriote, où l'œuvre considérable du peintre se trouverait exposée dans tous ses détails, travail important que d'excellentes notes et les fines observations de l'auteur auraient rendu intéressant et des plus instructifs. Mais hélas ! le temps marchait trop vite pour M. Mesteil, et le mal qui le minait apportait de fréquentes interruptions à ce travail. L'impitoyable destin est venu l'enlever à ses chères études et à l'affection de sa famille et de ses amis. Sa collection, si laborieusement formée et à laquelle était pour ainsi dire attachés sa mémoire et son nom, va donc pour résultat final être livrée aux enchères. Et que deviendront ensuite sa bibliothèque très-riche en bons et en beaux livres d'histoire et de littérature, et où se trouvent beaucoup d'éditions appartenant à la Bibliographie locale, et ses nombreux cartons et portefeuilles où sont rangés, dans un ordre méthodique, des pièces et des documents de tous genres sur les hommes et les choses de la ville et de l'arrondissement des Andelys ? Ah ! cher monsieur, quand je songe à la dispersion de tant de richesses artistiques, historiques et bibliographiques, si intelligemment amassées par leur dernier possesseur, je me sens le cœur navré, et je plains la ville qui perd là un foyer de lumières. Quand tout aura disparu du sanctuaire qui les contenait, cette même porte qui s'ouvrait si obligeamment à tout visiteur sérieux n'aura plus à répondre à ceux qui viendront y frapper que ces tristes mots : Le feu sacré qui brûlait ici au profit de la cité est éteint — le temple est dévasté — *sic fata voluere.*

« Avant de clore cette lettre, permettez-moi de vous faire remarquer encore la fatalité qui poursuit le Poussin, quoiqu'il n'ait plus rien à demander aux hommes. Il avait légué à son beau-frère Dughet, ses papiers, dessins, estampes et fragments antiques, tout son mobilier d'artiste en un mot. Quelques années après la mort de Poussin, le beau-frère vend et disperse toutes ces richesses ; héritage sacré dont on le voit se séparer avec répugnance. Deux siècles après ces faits, une belle et riche collection des œuvres gravées du Poussin est formée dans sa ville natale, par un de ses admirateurs les plus passionnés, et après lui cette collection que nous connaissons tous, et qui double d'intérêt parce qu'elle est dans le lieu même où s'élève la statue du grand peintre, eh bien ! cette belle collection, labeur de toute une vie, et qui honore celui qui en est l'auteur, ce monument qui explique et offre aux yeux de tous les innombrables travaux du peintre andelysien, eh bien ! ce monument va s'écrouler sous le feu des enchères.

« Puissiez-vous m'apprendre, cher monsieur, que

dans le désastre qui menace votre ville s'est rencontré un sauveur, et qu'Andely n'a pas tout perdu.

« Je suis, cher monsieur, votre bien dévoué serviteur : ALPH. CHASSANT. »

Ce sauveur ne s'est pas trouvé. Mais pourquoi donc M. Mesteil, qui est mort célibataire, n'a-t-il point légué tout ou partie de sa collection à la ville des Andelys ? Et M. Letailleur ? Et d'autres ? L'avarice joue un grand rôle en tout cela.

Miel. — Essai physiognomonique sur Le Poussin, par Miel. Paris, 1838, br. in-8.

Mochetti. — Nuova raccolta di 24 rami che rappresentano la Vita di Maria ssma, dei quali 22 sono d'invenzione di Niccolo Poussin, e fidelmente incisi da A. Mochetti. Roma, s. d., in-fol.

Pseudo-Poussin (Vente Mesteil, n° 221).

Montaiglon. — Mémoire des pièces (dessins, estampes, statues et bustes antiques) qui se sont trouvées dans le Cabinet de M. Nicolas Poussin, et qui sont présentement à vendre entre les mains du sieur Jean Dughet, son héritier, en 1678. Document communiqué par M. Léopold Delisle, et précédé d'une note par M. A. de Montaiglon. (Archives de l'Art français. Documents, tome VI [1858-60], pages 251-254.)

D'autres articles de M. de Montaiglon sur le Poussin, figurent en ces *Archives*.

Moreri. — Dictionnaire.

On y lit : « Le Poussin ne faisoit jamais de marché pour le payement de ses tableaux ; mais il écrivoit sur le derrière de la toile le prix qu'il en vouloit, et on le lui envoyoit incontinent. »

Poussin avait mis son cachet au dos du *Baptême du Christ* et *Madone*, mai 1642. Voir *Correspondance*, p. 99.

Il y avait dans la galerie du Marquis de Pastoret, un tableau « fort singulier, » attribué au Poussin. Il représentait une Vierge avec deux enfants. Un critique d'art, T. Thoré, appréciant ce tableau dans le feuilleton du *Constitutionnel* du 19 août 1845, disait : « Les enfans, disproportionnés, n'ont jamais été du Poussin, mais le caractère de la Vierge et le style des draperies ne sont pas indignes de lui. »

Murville. Le Paysage du Poussin, ou mes Illusions, épître à M. Bounieu, peintre du Roi et de son Académie et Dioclétien à Salone, ou Dialogue en vers entre Dioclétien et Maximilien. 2e édition, ornée d'une gravure par M. de Murville. Paris, chez l'auteur, 1790, in-8, 40 p., figure de Moitte. (*Rare*).

Pader. — La Peinture parlante de Pader, P. P. A Tolose, par Arnaud Colomiez, premier imprimeur ordinaire du Roy, M. DC. LIII, in-4, XIV (y compris deux titres) — 63 p. (Bibl. Nat., Ye, 3805).

Un second titre porte : La Peinture parlante, dédiée à Messieurs les peintres de l'Académie royale de Paris, par H. P. P. P. P. Tolosain. M. DC. LVII. Se débitent par l'autheur logé ches un Patissier, rue du Beane, vis à vis la porte du Pont-Rouge.

Pader était Toulousain, et adressa son poëme au Poussin, qui l'en remercia par une lettre datée de Rome le 30 janvier 1634, qu'il a reproduite à la fin de son livre.

M. le Bibliothécaire de la ville de Toulouse m'a fait l'honneur de m'écrire en 1893, à propos de ce livre :

« Il existe une seconde et dernière édition de la *Peinture Parlante* de Pader. Vous en trouverez la description dans Brunet, verbo : Pader. Nous ne l'avons pas à Toulouse. Je la trouve mentionnée dans le *Catalogue chronologique de l'Imprimerie à Toulouse*, par M. de Castillane (Toulouse, 1842), complété par le Dr Desbarreaux-Bernard (ms.).

« Sur aucun plan et à aucune date dans nos topographies historiques je ne vois figurer la rue de la Beane, non plus que le Pont-Rouge. L'auteur a vécu à Paris, à Rome, à Milan, à Monaco, à Toulouse. Rien ne prouve qu'il fut installé à Toulouse en 1657. Vous pourrez consulter la *Biographie Toulousaine* (Paris, Michaud, 1823) au tome II. Vous y trouverez l'explication du monogramme P. P. P. : H. *Pader Peintre Poète*. Semblable signification est admise par Malliot dans un ouvrage demeuré manuscrit et intitulé : *Vie de quelques artistes dont les ouvrages font l'ornement de la ville de Toulouse*, et où se trouve une biographie de l'auteur, beaucoup plus développée que la Biographie Toulousaine. (Ce ms. fait partie de la Bibliothèque du Dr Noulet). C'est tout ce qui vaut la peine d'être cité sur le personnage qui vous intéresse. Rien, à ma connaissance, de la lettre que Poussin lui adressa. Le *Catalogue de l'Exposition rétrospective des œuvres de peinture et de dessin des artistes Toulousains* en 1887. (Toulouse, Dupuis-Roux, 1887) mentionne (n° 54) une toile de Pader (1607-1677) représentant le *Triomphe de Joseph*, (H 2m75 × L. 7m75). A lire sur ce tableau de piquants détails relatés dans le ms. de Malliot. Il est aujourd'hui dans la nef de la Cathédrale Saint-Etienne. Autre tableau signalé dans le Catalogue précité : *La Flagellation* (toile, H 2m08 × L. 1m65), n° 317 du Catalogue du Musée de Peinture de 1836. Cet ouvrage de Pader porte la date de 1667 et le monogramme de l'auteur. Le n° 318 au même Catalogue, représentant *Le Déluge*, aussi par H. Pader, est classé dans le Catalogue des tableaux du Musée, de 1864, dans la catégorie des tableaux concédés temporairement aux Eglises et le premier désigné dans la concession faite à l'Eglise Saint-Pierre.

« Voilà, Monsieur, tout ce que je puis vous apprendre sur Pader. Si vous aviez un correspondant, les notes que je vous signale seraient mises très libéralement à sa disposition. »

Passeri. — Vite dei Pittori. Roma, 1772, in-4. — Diverses éditions.

Pech. — Le Buste du Poussin placé au Vatican, par l'abbé Pech. (*Journal de Paris*, nov. 1782).

Pelletan. — Nicolas Poussin, par Eugène Pelletan. Paris, 1844, in-8. (Extrait).

Piles. — Abrégé de la vie des peintres, par de Piles. Paris, chez J. Estienne, MDCCXV, in-12.

La Notice sur Nicolas Poussin occupe les pages 457 à 465 de cette seconde édition. L'auteur nous apprend que Poussin quitta Ferdinand Elle « au bout de trois mois, pour entrer chez un nommé Lallemant, où il ne fut qu'un mois ».

Poillon. — Nicolas Poussin. Etude biographique, par L. Poillon. Lille, typ. de J. Lefort. 1868, in-12, VI-142 pages, portrait lithog. (Bibl. Nat., Ln 27 24,249 et aux doubles).

Deuxième édition, *Ibid.*, 1894, in-12. (A).

Poussin. — Œuvres complètes de Nicolas Poussin. Paris, Didot. 1845, 2 vol. gr. in-4.

Collection de lettres de Nicolas Poussin. Paris, Imp. de Firmin Didot. 1824, in-8, XV-384 pages (Bibl. Nat., Z. 57962. Acquisition).

L'avertissement n'est pas signé.

Ces lettres ont été publiées sous la surveillance de l'Académie des Beaux-Arts, aux frais du Gouvernement (Bouchitté) ; mais « l'impression en a été faite sur un manuscrit défectueux et trop librement corrigé par l'éditeur ». Quand, en 1858, la Bibliothèque Nationale acheta les autographes du Poussin, M. de Chennevières fut, en quelque sorte désigné pour en faire une édition correcte. Voir un compte rendu de Quatremère dans le *Journal des Savants*, de décembre 1824. Le Poussin « écrivait volontiers » et était « un homme de beaucoup d'ordre. »

Voir, de Poussin, à la Bibliothèque nationale, section des manuscrits, fonds français : *Lettres autographes*, 12347-8 ; *Lettre*, n. a. f. 28.

Pozzo. — Notizie della vita di Cassiano dal Pozzo, protettore delle Belle Arti, fautore della scienza dell'antichità nel secolo decimosettimo, con alcuni suoi ricordi e una centuria di lettere, per Giacomo Lumbroso. Torino, Stamperia Reale, M DCCC LXXV, in-8, 260 pages.

Extrait du tome XV de la *Miscellanea di Storia Italiana*. — M. G. Lumbroso, Lauréat de l'Institut de France, fut Professeur à l'Université de Pise. Son fils, le baron Alberto, jouit en Europe d'une grande notoriété comme historien et comme littérateur.

La Bibliothèque Nationale de Paris a la *Miscellanea* (K. 12561), mais n'a pas recueilli le tirage à part, devenu rare, du livre de M. G. Lumbroso, qu'on ne trouve point, non plus, à la Bibliothèque de l'Ecole des Beaux-Arts. J'en possède un exemplaire.

Le Poussin a eu de fréquentes relations avec Cassiano dal Pozzo. On fait souvent mention de lui dans les lettres inédites de Bourdelot. Au 28 janvier 1642, on trouve cette mention : « J'ay veu M. Poussin qui se porte bien icy, mais regrette toujours Rome... »

Raoul-Rochette. — Discours sur Nicolas Poussin, secrétaire perpétuel de l'Académie royale des Beaux-Arts. Lu dans la séance publique annuelle des cinq Académies, le mardi 2 mai 1843. Imprimé par ordre de l'Académie royale des Beaux-Arts, et vendu au profit de la souscription pour le monument du Poussin. Paris, typ. de Firmin Didot, frères 1843, in-8, 31 pag., fac-simile d'une lettre du Poussin à M. Nicaise, et Lettre inédite de Nicolas Poussin au P. Nicaise, religieux de Dijon dont l'original existe au département des manuscrits de la Bibliothèque du roi (2 pages). (Bibl. Nat., Ln 27 16,617).

Il a été dit qu'on n'a rien écrit de meilleur et de plus exact sur Poussin.

Plusieurs exemplaires qui sont passés en vente ces années-ci contiennent une note manuscrite sur la disparition à la Bibliothèque Nationale d'une lettre du Poussin, note qui tend à établir que M. de Chennevières pensait, comme nous, que c'est M. Gaëtan de La Rochefoucauld qui a retiré l'acte de baptême du grand artiste des archives de la ville des Andelys.

Roussel. — Epître à Châteaubriand.

On y lit :

Et d'Andely l'aimable nom,
Le nom, le nom chéri de sa douce patrie,
Il ne l'oubliait pas des rives d'Italie
Celui qui, sur la toile anima la raison,
Les tendres sentiments et la philosophie ;
Paris le lit toujours dans un de ses portraits
Où son pinceau, pour nous, fait revivre ses traits.

Ah ! si mon cœur est un bon juge,
Pittoresque Andely, lorsque dans son *Déluge*
Je vois ces vastes rocs dans les cieux élancés,
De ces derniers humains inutile refuge,
Ce sont les monts que Poussin a tracés.

Roussel-Desfriches. — Poussin, homme utile. Ronde en plusieurs paragraphes et en cinquante-six couplets. Sur l'air de : *Cadet-Roussel.* (Par M. Roussel-Desfriches, avocat. Fin juin 1851). (1)

---

(1) M. Roussel-Desfriches (Louis-François), né aux Andelys, le 17 août 1791, est décédé célibataire le 12 mars 1871. Il était aussi connu sous le nom de Roussel-Cadet. Nous le supposons également l'auteur de l'*Epître à Chateaubriand.*

Voici les couplets du premier paragraphe :

I

Andely, fêtez par vos chants
Poussin utile à bien des gens,
Dont plusieurs doivent sans le croire
Leur pain, leur plaisir ou leur gloire,
A, à l'effet lointain
Du bon goût qu'inspira Poussin.

II

D'abord, en France, à son signal,
L'élan des arts fut général,
Plus tard, l'industrie eut le chique,
Véritablement artistique,
Par, par l'effet lointain
Du bon goût qu'inspira Poussin.

III

Il gagna jusqu'aux Andelys ;
Eux aussi se sont embellis
De Villers à la Madeleine,
De Feuquerolles à la Seine
Par, par l'effet lointain
Du bon goût qu'inspira Poussin.

IV

Oui, si nous sommes mieux logés,
Bien mieux vêtus, bien mieux meublés,
Depuis les pieds jusqu'à la tête,
Depuis la cave jusqu'au faîte,
C'est, c'est l'effet lointain,
Du bon goût qu'inspira Poussin.

Il y fut répondu par ces autres couplets, dont l'auteur, je crois, est M. Alph. Alline, négociant en fers et charbons de terre aux Andelys.

ROUSSEL-CADET

Air du : *Cadet-Roussel.*

Honneur et gloire au chansonnier,
Au digne émule de Désaugier,
Dont la Muse, aimable et féconde,
Fit naître cette belle ronde :
C'est, c'est l'effet lointain,
Du bon goût qu'inspira Poussin.

L'auteur de ce Cadet-Roussel,
Est, dit-on un certain Roussel,
C'est pour cela que pour son hymne
Il prit l'air de son homonyme.
C'est, c'est l'effet lointain
Du bon goût qu'inspira Poussin.

Cette œuvre là, Roussel-Cadet,
Vient d'avoir un succès complet ;
C'est une charmante revue,
Qui réclame aussi sa statue.
Oui, oui, c'est ton destin,
Tu feras pendant à Poussin.

Car lui seul connaît le secret
De tourner un gentil couplet;
Et qui lui donna ce grand chique,
Qu'il possède en l'art poétique ?
C'est, c'est l'effet lointain,
Du bon goût qu'inspira Poussin.

Beaucoup de gens seront flattés
De voir leurs noms rimés, cités :
J'eus désiré faveur semblable,
Car elle est inappréciable.

C'est, c'est l'effet lointain
Du bon goût qu'inspira Poussin.

Pourtant, un bruit s'est répandu,
Que la chanson avait un but.
Devinez-le, chers Patriotes...
Celui de mériter vos votes !
C'est, c'est l'effet lointain
Du bon goût qu'inspira Poussin.

Bientôt du corps municipal,
Echoit le mandat triennal,
Or, son chant est une réclame
Qu'il offre en forme d'épigramme.
C'est, c'est l'effet lointain
Du bon goût qu'inspira Poussin.

Ruault. — Eloge de Nicolas Poussin. Discours qui a remporté le prix de littérature décerné par la Société d'agriculture, sciences et arts de l'Eure, dans sa séance publique tenue à Evreux le 4 juillet 1808, par Nicolas Ruault. Paris, imp. de H. Agasse, 1809, in-8, 64 pages. (Bibl. Nat., L n 27, 16,615.)

A la fin se trouve la liste des Œuvres du Poussin.

Ruville. — Histoire de la ville des Andelis et de ses dépendances, par Brossard de Ruville. Les Andelis, Delcroix, libr. (Imp. Dupray de la Mahérie, à Paris), 1863-1864, 2 vol. gr. in-8, illustrés. (Bibl. Nat., L k 7, 10,530.)

Un long article est consacré à Nicolas Poussin. L'auteur le fait naître au *mois de juin 1594*.

M. Letailleur m'écrivait un jour : « Quant à M.

Brossard de Ruville (Julien-Ludovic), il est mort à Paris il y a environ quinze ans, étant célibataire. Il a consacré à ce travail une partie de sa vie et toutes ses ressources. Cet ouvrage renferme beaucoup de faits et de documents intéressants, qui auraient été oubliés ou perdus, s'ils n'avaient été consignés dans son travail, mais le temps lui a manqué pour en restreindre le cadre et en abréger les détails que l'on a généralement trouvé trop longs et parfois fastidieux. »

Sainte-Beuve. — Particularités relatives à la première souscription pour un monument en l'honneur de Nicolas Poussin, et au tableau de Coriolan, recueillies par M. Sainte-Beuve (Extrait. Pages 374-394.)

Smith. — A Catalogue raisonné of the works of the most eminent Dutch, Flemish and French painters... By John Smith. London, published by Smith and son, 1829-1842, 9 part. ou vol. in-8. (Bibl. Nat., V, 52,885.)

Dans la huitième partie de son livre, l'auteur donne la description de 342 ouvrages de Nicolas Poussin; c'est le catalogue le plus complet qui ait été dressé de l'œuvre du peintre.

Testelin. — Sentiments des plus habiles peintres sur la pratique de la peinture et sculpture, mis en tables de préceptes, avec plusieurs discours académiques, ou conférences tenues en l'académie royale desdits arts en présence de M. Colbert, par Henry Testelin, peintre du Roi. Paris, chez la veuve Mabre-Cramoisy, M. DC. XCVI, in-fol. (Bibl. Nat., V, 2552.)

Renferme sept grandes planches d'après Lebrun, Poussin, etc.

Vasari. — Vies des peintres, sculpteurs et architectes, par G. Vasari. Traduites par Léopold Leclanché, et commentées par Jeanron et Léopold Leclanché, 121 portraits dessinés par Jeanron et gravés sur acier par Wacquez et Bouquet. Paris, Tessier, 1841-1842, 10 vol. in-8 de texte et 1 de planches.

Giorgio Vasari, 1512-1574. L'édition originale de son livre est de Firenze, 1550, 3 vol. in-4. La dernière : Firenze, 1850-60, 20 vol. in-8. Nombreuses éditions en italien.

Du même. — Le vite dei pittori, appendice e note alle medesime e le opere minori. Firenze, Passigli, 1832-38, 2 vol. in-8.

Vigneul-Marville. — Meslanges d'histoire et de littérature, recueillis par M. de Vigneul-Marville. Imp. à Rouen. Paris, chez Aug. Besoigne, 1700, tome II, in-12.

On y trouve, page 140, cet intéressant passage :

« Durant mon séjour à Rome, j'ai souvent vu le Poussin chez lui et chez M. le chevalier Del Pozzo, l'un des plus galants et des plus accomplis Cavaliers de toute l'Italie. Le portrait qu'on nous a donné du Poussin dans les *Hommes illustres* de M. Perrault, est horrible et ne ressemble guères à ce grand Peintre. Il est beaucoup plus ressemblant dans quelques estampes gravées d'après son Portrait tiré par lui-même, qui est un très-bon morceau. On y voit le Poussin tout vivant, son esprit, sa physionomie, ses traits, etc.

« J'ai souvent admiré l'amour extrême que cet excellent Peintre avoit pour la perfection de son Art. A l'âge où il était, je l'ai rencontré parmi les débris de l'ancienne Rome, et quelquefois dans la campagne et sur les bords du Tibre qui dessinoit ce qu'il remarquoit le plus à son goust. Je l'ai vu aussi qu'il rapportoit dans son mouchoir des cailloux, de la mousse, des fleurs et d'autres choses semblables, qu'il vouloit peindre exactement d'après nature.

« Je lui demandai un jour par quelle voie il était arrivé à ce haut point d'élévation qui lui donnoit un rang si considérable entre les plus grands Peintres d'Italie ; il me répondit modestement : *Je n'ai rien négligé...* »

Villot. — Catalogue du Musée du Louvre. École française.

Vinci. — Voir son *Traité de la peinture*, et ses *Manuscrits* publiés par M. Ravaisson-Mollien et autres.

Au *Catalogue de la Bibliothèque d'un Amateur*, par Renouard, Paris, 1819, 2 vol. in-8. (Bibl. Nat., Q. 8340), on trouve, au tome premier, pages 320-3, une longue description du *Trattado della Pittura di Leonardo da Vinci*, manuscrit in-4 de 162 ff., en partie écrit par Nicolas Poussin, et orné de 39 pages de dessins de ce dernier. Ce manuscrit s'est retrouvé à la vente Didot, en 1882, où il fut adjugé à 600 francs.

Voltaire. — Dans le *Temple du Goût*, (première édition de Jore, à Rouen, 1733) :

« Le Poussin, né aux Andelys, en 1594, n'eut de maîtres que son génie et quelques estampes de Raphaël... Il fit à Rome beaucoup de chefs-d'œuvre, qu'il ne vendait que sept écus pièce. Appelé en France par le secrétaire d'Etat de Noyers, il y établit le bon goût de la Peinture... Il a sacrifié le coloris à toutes les autres parties de la peinture ; ses *Sacremens* sont trop gris. Cependant, il y a dans le cabinet de M. le duc d'Orléans, un *Ravissement de saint Paul*, du Poussin, qui fait pendant avec la *Vision d'Ezéchiel*, de Raphaël, et qui est d'un coloris assez fort. Ce tableau n'est point déparé du tout par celui de Raphaël, et on les voit tous deux avec un égal plaisir. »

Du *Siècle de Louis XIV*, édition de 1751 :

« Nicolas Poussin... fut l'élève de son génie. Il se

perfectionna à Rome. On l'appelle le peintre des gens d'esprit ; on pourrait aussi l'appeler celui des gens de goût. Il n'a d'autre défaut que celui d'avoir outré le sombre du coloris de l'école romaine. Il était dans son temps le plus grand peintre de l'Europe... »

Etc. Etc. Etc.

FIN

Arras. — Imp. Schoutheer Frères, rue des Trois-Visages, 53.

www.ingramcontent.com/pod-product-compliance
Ingram Content Group UK Ltd.
Pitfield, Milton Keynes, MK11 3LW, UK
UKHW020136220726
13923UKWH00001B/190

9 782019 477721